亞尼克。
味蕾的幸福

從切片蛋糕到生乳捲的
20 年品牌之路

吳宗恩－著

從七坪廚房到電商平台，從平價切片蛋糕到團購冠軍生乳捲，
亞尼克這個完全來自台灣的在地蛋糕品牌，
靠著吳宗恩無盡的好奇心和想到就做的行動力，
雖然一路顛簸不平，卻是越來越開闊，
吳宗恩說，「光想沒有用，要去做才重要！」

contents

目錄

Part 1

一步步邁出，才有最好的開始

因為想要讓消費者品嘗好吃新鮮的蛋糕，而從家裡七坪的廚房開始了夢想，吳宗恩的每一步看起來不經意，其實都是傾注所有。從學徒、出師到創業，他的韌性和勤勉為亞尼克打下最好的基礎，而妻子瑞文的支持與協助，則讓他更無後顧之憂。

Part 2
換個方向，可以看到不同的風景

當一間蛋糕店的老闆和一個百人企業的經營者是不一樣的，吳宗恩從中所領會到的酸甜苦辣，不但讓亞尼克成為台灣知名的蛋糕品牌，更帶起了生乳捲的風潮，這些經歷對吳宗恩而言都是一種學習，更是一種成長。

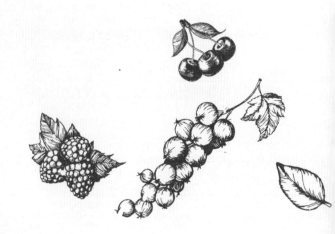

Part 3
拾級而上，創造更多的價值

勇於嘗試，讓亞尼克總能創造話題，寫生比賽、網紅聯名與異業結合，吳宗恩總能有很多的點子，YTM蛋糕販賣機更讓消費者有不一樣的購買管道。從蛋糕師傅到企業領導者，吳宗恩希望亞尼克能夠持續進化為百年品牌！

Part 1

一步步邁出，才有最好的開始

因為想要讓消費者品嘗好吃新鮮的蛋糕，而從家裡七坪的
廚房開始了夢想，吳宗恩的每一步看起來不經意，其實都
是傾注所有。從學徒、出師到創業，他的韌性和勤勉為亞
尼克打下最好的基礎，而妻子瑞文的支持與協助，則讓他
更無後顧之憂。

誤打誤撞的機緣，
開啟一連串的奇妙旅程

從學徒做起的我，在長期的工作與磨練下，

技巧精進了，但也搞得身體一堆小毛病不斷，

至於燙傷、皮外傷等更是家常便飯。

甚至曾有一個師傅跟我說：

「拎哪謀被燙個三百次，系抹出師的啦！」

我並不是一開始就知道自己要當糕餅師傅的，一切的起頭其實很簡單，就是我實在不是讀書的料，為了不想再浪費時間在那些課本考卷上，也想趕快找到自己的興趣並學得一技之長，國中畢業後我就決定不再繼續升學。

我爸媽雖然不怎麼贊成我這樣做，但看到我很努力卻還是念得哩哩啦啦，也不得不先順我的意，讓我去學個一技之長再做打算。

最初，我媽給了我三個選擇：美髮師、廚師、糕餅師傅。美髮師在我那個年代感覺比較像是女孩子的工作，刪掉；廚師要剖魚殺雞的，我怕見血，不適合；最後看來只有糕餅師傅比較能夠接受。

就這樣，從國中畢業後的那刻起，我開始了和麵粉、奶油、水等原料整天攪和在一起的日子。

冷熱交替造成的 職業傷害

在麵粉堆中打轉的日子，並不像放在櫥窗中的蛋糕那樣美味愜意，在烘焙業中，是採師徒制的，尤其像我這種沒有經驗，也沒有念過什麼餐飲學校，從學徒做起的我，更是要從三手、二手慢慢的學，在長期的工作與磨練下，技巧精進了，但也搞得身體一堆小毛病不斷，至於燙傷、皮外傷等更是家常便飯。甚至曾有一個師傅跟我說：「拎哪謀被燙個三百次，系抹出師的啦！（台語）」

最嚴重的一次就是，由於慕斯類的產品需要經常進出冷凍櫃，而一般的糕餅則是跟烤箱脫不了關係，溫度更是常高達攝氏好幾百度，在這樣的冷熱轉換間來來去去，竟然使我的鼻子失靈，突然聞不到任何味道了。

一個做糕餅的師傅竟然聞不出任何味道，如何能再做出讓人垂涎欲滴的蛋糕？當下我感到非常驚恐，深怕就此要跟這個行業說再見！幸好的是，經過一陣子的治療，嗅覺總算慢慢地恢復了，只是就此造成鼻子過敏的問題，溫差一大，鼻子馬上不舒服，立刻出現鼻塞、鼻水的狀況。

在那陣子，我也曾想過是不是轉換別的行業，因為每天早上起床，全身都痠痛得像被車子撞到一樣，鼻子又常常失調，但是一想到媽媽曾跟我說過，「換一行，丐丐三年（台語）。」只好忍了下來。

一直以來，學業上的不順遂已經讓我有些氣餒，因此希望能從工作中獲得成就感的欲望就更加強烈。為了達到目標，我告訴自己，「只能忍受身體上的不適，咬牙撐過去，努力的跟師傅學習。」

有貴人相助
也要懂得把握機會

回顧一路從學徒到出師的過程，我覺得自己算是個很幸運的人！雖然不能避免的皮肉傷沒有少，該有的辛苦也沒少，不過一路上的貴人卻也不少。

這些貴人不見得是我學習蛋糕技巧上的老師，但卻是我能成就亞尼克的重要關鍵點，這其中有些人讓我有不同的視野，有些人則給我更好的機會，接觸不同的層面。

像是曾經教過我的一位張師傅，當我還在小麵包店工作時，因為他的介紹，讓我有機會到五星級飯店的麵包房學習，雖然是大夜班的工作，讓我總是精神不濟，但因為那個機會，讓我認識到不同等級的原料會讓產品有多麼不一樣的呈現，不論是在視覺、味覺、嗅覺上。這也是我日後創業時，非常重視原物料品質的原因，只有好的原物料才能帶給顧客最好的產品，否則即便師傅的技巧再怎麼好，也不能讓產品帶給消費者最好的印象。

這就是為什麼有時你可能看到一塊蛋糕看起來很美味，很開心

的買來品嘗，結果一口吃下去就發現，蛋糕上的奶油讓你難以下嚥，不但油膩也沒味道，完全破壞了你想要品嘗美食的好心情。這通常就是因為奶油的原物料並不新鮮或是品質不好，而造成口感上的落差。

事實上，若真的講究原物料，即便最基本的原料麵粉，也不只是高筋、中筋和低筋的差別，不同的筋性在於麵粉中所含的蛋白質成分多寡，但是要做出好吃的蛋糕，還要依照配方將不同類的麵粉做不一樣的比例搭配。

從決定創業起，我在原料成本上的花費便不手軟。因為我相信真正的老饕絕對吃得出其中的差異，而這幾年的食安風波，更提升了大家對於食品的要求，這也是為什麼當一些品牌因食安而引發經營危機時，亞尼克反而能在這樣的狀況下逆勢成長，因為在送到消費者面前時，除了選材的高標準，我們早已先做了層層的品管和檢查。

儲備好實力，
衝動的決定反而會成為
成功的第一步

做蛋糕、研發新品對我來說駕輕就熟，
但是貿易公司的技師要做的不只是這樣。
除了上台當講師，
還要了解一些產品結構的分析和計算，
這些都是我在當師傅時不會遇到的。

如果你問我，什麼時候開始有創業的念頭？又為什麼想要創業？若我告訴你，除了我媽從小就希望我們長大能做生意當老闆外，其中一個因素是因為別人對我的讚美，我就拿著幾年工作下來好不容易存下來的二十萬創業了，你會不會覺得我實在太大膽？

但這個聽起來像是一個衝動的決定，事實上也是因為在那之前，我已有過一些不同於糕餅麵包店的歷練，這些逐步累積出的能量，讓我在遇到機會時，有了最好的靠山。

從師傅到辦公桌， 讓我了解自己的能與不能

在父母的朋友介紹下，沒有什麼經歷的我，最先在基隆的一間喜餅店蛋糕部練功夫，之後換了幾間不同的店家、飯店，經過

幾年的磨練和不同師傅的調教後，我的手藝精進了不少，便有機會進入當時在台北市滿有知名度的上城蛋糕店。

儘管營運模式不同，眼界不同，但糕餅師傅就是糕餅師傅，做的事情還是大同小異，因此當上城的原料貿易商問我，要不要當他們公司的產品研發技師時，喜歡接受挑戰的我沒有多加考慮就答應了。

當時我甚至還帶著點沾沾自喜的感受，準備迎接這個全新的工作型態。因為這個職務向來要求專科以上的學歷，而我憑著國中畢業的學歷就能當一個技師，成為一個能夠站在台上指導大家的老師，這不禁無形中提升了我的虛榮感。

但是貿易公司老闆願意聘雇我這樣學歷不足的技師，當然是有他的理由。由於那時我在上城已經相當於一個大師傅，很多的

產品用料和配方都是由我決定和研發，因此他們認為我對他們公司代理的原料很熟悉，自然能夠把它們的產品做最好的運用和推廣。

做蛋糕、研發新品對我來說駕輕就熟，但是貿易公司的技師要做的不只是這樣。除了上台當講師，還要了解一些產品結構的分析和計算，這些都是我在當師傅時不會遇到的。上台說話多練幾次還不會有什麼問題，加上又是我熟悉的原料和配方，但是碰到成本的計算和拿捏，就讓我傷腦筋了。

當初之所以不繼續升學，就是對於這些學科的內容很不在行，更何況是跟數學有關的百分比、比例等問題。而且在以前那個年代，老師傅教給我的向來是經驗和手感。也就是說，我們在做產品時，都是憑經驗抓一個大概的分量，或是用不同的容器當作單位。

例如這個蛋糕需要十杯的麵粉，或是三匙的糖……，也就是因為習慣用杯子湯匙、碗之類的器皿估計原料需要的分量，一旦

發生使用的那個杯子或湯匙不見了，大家就會開始慌亂成一團，或是原本這些原料是做十人份蛋糕的，突然要改成六人份蛋糕，大家就會不知所措。

然而產品技師不但要熟知公司進口的每種原物料，還要精算分析如何搭配不同的原物料，才能做出經濟實惠又美味的產品，以便提供廠商每一種原料的百分比和成本結構，好讓客戶更加理解該如何運用我們所提供的原物料。

另外，各種原料配方的英文原名也讓我感到很大的壓力，每當國外的廠商到台灣來做研發討論時，一連串的英文對我而言就像是鴨子聽雷，完全搞不懂他們在說什麼，即便我預先查了很多生字、看了很多資料，挫敗感還是很大。

豁出去的勇氣
讓我先行動再說

在貿易公司工作的日子裡，我最開心的時候就是在研發間研發新品做蛋糕的時候，我可以運用同樣的原料做出不一樣的產品。可是貿易公司產品技師的工作其實大部分都是要待在辦公室找資料、算成本、寫新配方的食譜等。

從站著做蛋糕的師傅，到被困坐在辦公室、不斷的敲打著電腦建立的技師，這樣的轉變讓我深刻體認到，對我來說，當一個師傅時的快樂，遠遠大於我坐在辦公桌看文件、讀資料。尤其每當我做出新品請大家品嘗時，大家一副滿意開心的樣子，更是讓我很有成就感。

後來有一次，公司裡有位一直很照顧我的阿姨跟我說：「吳師傅，你做的蛋糕這麼好吃，為什麼不去賣給咖啡店？那些咖啡店裡的蛋糕都很難吃耶。」阿姨的建議，讓當時早有萌生辭職念頭的我，便鼓起勇氣，想要試試創業這條路。

當時我快三十歲，想說趁著還年輕拚拚看，就算沒成功，頂多再回麵包店當師傅，否則等到年紀大再後悔也來不及了！心中有了堅定的目標和最壞的盤算後，我就這樣開始了亞尼克的第一步！

不設限，
處處都是學習的機會

每回出發前的心情是充滿期待的，
但是回家時的心情卻開心不起來，
因為每一次出發，
有十之八九都是滿手的蛋糕拿出去，
又原封不動的拿回來。

曾有朋友問我，「你怎麼不去念一個EMBA之類的學位？很多師傅成名後，就會開始補強學歷上的不足。」對我來說，在校時的念書成績不好雖然曾經讓我自卑，但到今天，因為人生的歷練，更讓我對這種表象的學歷不在意。

我知道自己不是那種適合走正規體制教育的人，但這並不影響我對學習的進取心。事實上，我時時都在學習，只是這學習不一定來自課堂間，而是在跟別人的開會聊天中、在一路走來的失敗中，或是在每個曾經跟我共事過的人身上。

在網路發達的時代，我有很多的學習甚至來自於網路的影片或是文章中。

從經驗中找到
先靜後動的方法

記得剛開始創業，我在家裡的小廚房做好蛋糕，便捧著一盒盒做好的成品，搭著公車興致勃勃的到台北，想要看看有沒有咖啡店願意訂購。

每回出發前的心情是充滿期待的，但是回家時卻開心不起來，因為每一次出發，十之八九都是滿手的蛋糕拿去，又原封不動的拿回來。

幾次以後檢討一下原因發現，我每次拿蛋糕去咖啡店推銷的時候，劈頭就跟店內的工作人員說，「這是我自己做的蛋糕，想讓你們品嘗，看看有沒有機會在店內販售。」通常得到的回應不是對方說「不需要，我們已經有固定配合的廠商」了，就是說「你把資料留下，有機會我們會跟你聯絡。」

這樣很唐突的推銷產品，一來沒有了解對方咖啡店中的蛋糕產品狀況，二來也可能問錯對象，若當時在店內的人只是工讀生，那我問他這些問題根本就是白問！因為他根本不能作主，只能應付的回答後請我離開。

找出這些問題點後，我改變了推銷的方式。首先，我不再以一個推銷員的角色看待自己、跟對方溝通，而是以一個客人的身分到店內坐坐、點杯飲料，先觀察一下店內的情況。大概觀察過情況後再評估是否適合推銷蛋糕，或是改天再來，又或是要另尋目標。

這樣的改變雖然增加了評估的時間，成交機會卻增加了。慢慢的，願意訂蛋糕的店家也越來越多，所謂的「謀靜而後動」大概也就是這個道理。

從別人的智慧
汲取更多的精華

我是個很喜歡聽人家說話的人，很多想法、做法我都是聽來的，而且一旦我覺得有道理，大部分人可能掐頭去尾的實行一小部分，我卻會追求百分之百的完成度。

例如亞尼克每隔幾年會變換一些門市人員的制服樣式，或是在店面做些更新的設計裝潢，很多人以為是不是我有請固定的創意顧問，時不時就提醒我要做些改變！

事實上，只要年度預算合宜，我就會適時的讓消費者眼中看到的亞尼克有些不一樣，增加新鮮感。這樣的想法和觀念，最開始的靈感來自我在上城時的老闆Michael。

他曾經跟我說，「不能只站在師傅的角色來看如何經營，而是要試著從顧客的角色設想。」

Michael是一個完全不懂烘焙的門外漢，可以說是個十足的生意人，那時因為蛋糕結合餐飲的複合式店面很流行，他便做了這項投資。上城當時在他的經營下，也有兩、三間的分店。

我對他印象最深的地方就是，他時不時就喜歡改變店內的一些陳設，甚至整修店內的裝潢一番。跟我家附近那間從小吃到大、萬年不變的麵包店相較，我覺得Michael實在花了太多錢在門面上！

有一次我忍不住問他，「Michael，你為什麼要在裝潢上花這麼多錢？不是才整修過店面，為什麼現在又要再重新設計櫥窗？」結果他的一番話，讓我覺得很有道理。

他說，「小吳，當消費者經過你的店，第一眼看到的是什麼？是店面。所以經營一間店不能一直以一個師傅、老闆的眼光來評斷，心裡只想著這樣要花多少預算，而是要不斷的為消費者創造新鮮感。當你走過一間麵包店，若它的店面從來沒有改過樣貌，你心裡是不是對這間店裡會有哪些麵包、蛋糕已經有了大概的想法，因為以前你每次進去都是同樣的產品。

久而久之，除非消費者就是鎖定要買你店裡的某些麵包，否則他是不是很容易就只是路過，即便你有推出了新產品，他很可能也不會知道，因為他根本沒有走進店內。這樣即便你的產品做得多好，沒有吸引到客人上門，也是白費功夫。」

Michael的話讓我恍然大悟，或許就是因為他不是屬於專業的烘焙師傅，才能有這麼客觀的想法，沒有被制約。也不會如同我們這些糕餅業出身的師傅，經常都被侷限在產品的製作和研發上。

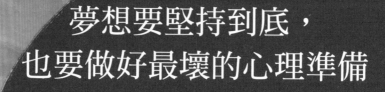

夢想要堅持到底，
也要做好最壞的心理準備

外賣店面若一天有賺一千元，那就是多賺的。

真的撐不下去，頂多就回到完全批發代工的狀況，

再怎麼樣糟糕，

頂多就是創業失敗回去讓人家請、

當一個單純的師傅。

為了不想在廣大的代工市場惡性競爭，一開始亞尼克的產品便想以品質跟當時的代工市場產品做出一個區隔。

在五星飯店學習過的我，深刻的體會到不同品質的材料所帶給產品的影響。為了要讓消費者體會到高級食材做出的蛋糕有什麼不同，即便是批發代工，我也用一些五星飯店才會用的進口材料，例如從法國與比利時進口的巧克力、法國進口的發酵奶油、美國進口的杏仁粉等。

從代工批發時代開始，亞尼克的原物料成本就比其他品牌高出百分之十以上。不過我很有信心，只要願意試試亞尼克的蛋糕，店家絕對會繼續跟我訂購，即便單價跟其他的代工業者相比高出了一些，但是品質絕對高出許多。

確認自己的優勢劣勢
就能心無旁騖

開一間蛋糕店，可以有自己的品牌價值，一直是我的夢想。因此當亞尼克代工批發的營業額累積到一百萬時，我便打算從家裡的廚房搬出去，在萬里的瑪鍊路上租一間店面，除了設置中央廚房外，還能開設一間小小的蛋糕專賣店。

我的想法當時引起家人朋友的反對，他們認為在萬里這條每天可能只有小貓兩、三隻經過的路上開一間蛋糕店，根本就是直接把錢丟到水裡。為了圓我的開店夢，我爸媽本來還要我拿著父親的退休金到台北開店，不要在萬里開。

不過萬里的店面租金低，風險小，相對來說，資金周轉的壓力
也小很多。雖然我是一個很勇於嘗試的人，可是我非常注重有
多少錢、辦多少事！

因此進入代工批發市場時，我只拿了標會存來的二十萬，為了
節省成本，我將家裡的廚房當成代工的廚房。因此在準備租店
營業時，我也沒打算要拿父親的退休金圓夢。

那時我的想法是，代工批發的生意已經很穩定並蒸蒸日上了，
外賣店面若一天有賺一千元，那一千元就是多賺的。若真的撐
不下去，頂多就回到完全批發代工的狀況，再怎麼樣糟糕，頂
多就是創業失敗回去讓人家請、當一個單純的師傅。

記得剛開始，由於知名度還沒打開，門市店面的生意真的很不好，有時只有一千多元，但因為我抱持著多賣就是多賺的心情去看待這狀況，同時持續的經營著代工批發生意，更沒有為了增加營業額而自亂陣腳，增加麵包、餅乾等其他的品項。

其實，麵包和蛋糕雖然主要成分都是麵粉、水、雞蛋、牛奶，卻是完全不同領域的產品，以前有個師傅就跟我說過，「做麵包是學問，做蛋糕則是種藝術。」因此即便當時三天兩頭的會有客人進來店裡問有沒有賣麵包，我還是堅持著亞尼克是蛋糕專賣店的想法和初衷。

不經意間的努力和付出
等待開花結果的喜悅

門市販售和代工批發最大的不同在於，代工是先有訂單才製作，可是店鋪卻是在不知今天會賣多少的狀況下，先把蛋糕做好，為了讓消費者吃到最新鮮美味的蛋糕，所有當天沒賣掉的蛋糕，都會全部報廢。

在這樣的狀況下，開店初期，丟掉的蛋糕不計其數。可是就因為這樣的堅持品質，當亞尼克在媒體的報導下瞬間爆紅，人潮的湧入，讓小小的店面頓時完全不能負荷。大家對於在這麼一條偏僻荒涼的路上卻開了一間專賣蛋糕的店感到非常好奇。

同時間，由於知名度的提升，也一起帶動了代工批發生意，越來越多的咖啡店希望能跟亞尼克訂蛋糕，而且以賣亞尼克蛋糕為號召吸引顧客到店內消費。

為了應付龐大的蛋糕需求量還有人員的增加，不到一年的時間，我就把隔壁和樓上的店面都租下來當辦公室以及內用區。

自那時開始到2004年，我將廠房搬遷到內湖科技園區，三年
多的時間，亞尼克成為平價切片蛋糕的代名詞，這一切來得又
急又快，都是當初始料未及的狀況。

但是，可確定的是，若當初我真的拿了父親的退休金到台北開
店，光是台北的租金壓力就會讓我沒有辦法以隨興不強求的態
度經營，更很可能不會因為店面位置的特殊位置而吸引到媒體
的注意，而開始一連串後續的口碑效應了。

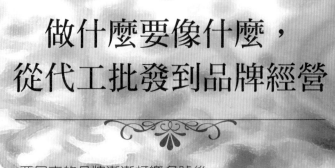

做什麼要像什麼，
從代工批發到品牌經營

亞尼克的品牌漸漸打響名號後，

代工批發的生意更是加倍的成長，

但是不論我請多少的人手，

都不足以應付龐大的訂單需求和門市所需的蛋糕數量！

從決定創業的那一刻起，我就是不斷地從嘗試中找方向，走錯了就修正，修正後繼續往前，有的時候沒有走偏太多，走回正途就快一點，有的時候走偏太多了，就要花比較多的力氣再走回來。

但好在不管路多遠，我都會想盡辦法走回來，而且要越走越好。我的太太瑞文跟朋友說，「或許就是因為吳宗恩這種個性，亞尼克才能慢慢地走到現在，說不定換成別人就放棄了。」

對我來說，二十年來，亞尼克的第一次重要的轉型與契機，就是從代工批發市場轉到一般消費市場，對於品牌來說，這樣的做法是有助益的，但相對的也承擔了一定的風險，畢竟代工的利潤雖少，但兼顧的環節像是庫存、來客數等也比較沒有問題。只要穩穩地做，就能細水長流。

只是我的夢想就是希望能有自己的蛋糕店，批發代工畢竟只是
為人作嫁，當那些咖啡店的背後廚師，在這樣的狀況下，消費
者永遠不會記得你的品牌。

就在這樣的考量與期許下，我便從一間外賣店慢慢擴展到內用
外帶雙店面的經營模式，希望將亞尼克慢慢壯大。

從代工到門市，
讓消費者更加熟悉和認同

剛開始外賣切片蛋糕時，我根本不知道怎麼定價，想說就從批
發價往上加個五元、十元就可以了，後來發現根本不敷成本！

批發代工的蛋糕比較不會產生額外的庫存、門市人員等營運費
用，可是在門市外賣的蛋糕，一旦沒賣光就要銷毀，到後來有
內用座位時，還會衍生出門市服務人員的薪資等其他費用，一
把這些原物料以外的成本加上去後，我才發現定價真是一門大
學問，既要能讓消費者買單，又要是一個能夠支付成本並有小
獲利的價格。

雖然之前在貿易公司當研發技師時有些接觸與學習，但畢竟我

雖然之前在貿易公司當研發技師時有些接觸與學習，但畢竟我不是學財務的，真要做產品的定價規劃時，完全不知道該如何處理。直到後來請了一個負責財務的專業人員，才慢慢的把價格調整成合理的費用。

就在亞尼克的品牌漸漸打響名號後，代工批發的生意更是加倍的成長，但是不論請多少的人手，都不足以應付龐大的訂單需求和門市需要的蛋糕數量！

由於當時亞尼克是以代工批發為大宗，因此每次做好的蛋糕一定都是先提供給已下訂單的店家，多的部分才能供應給門市販售。

但是那時在媒體的推波助瀾下，萬里那條平常人跡罕至的瑪鍊路，即便不是假日，也滿是人與車，大家都是為了要買亞尼克的蛋糕而來。身為老闆的我，理應一定非常開心產品受到這麼大的迴響和歡迎！

不過我根本無暇顧及開不開心這件事，因為那時每天睜開眼就是做蛋糕，所有師傅輪班二十四小時的製作蛋糕，卻仍不夠應付龐大的需求量！

於是消費者開始由期待轉為怒氣，認為我們故意製造所謂的飢餓行銷，讓他們空排隊一場！大批蜂擁而至的人潮和車潮，更影響了當地的交通，每到假日更需要警察維持秩序，我也因此常受到附近鄰里的抱怨和投訴。

找尋更大的天空和發展

為了擴大中央廚房以及營業額，我決定走出萬里到台北設置中央廚房與門市。因此在2004年，我在內湖科學園區靠近堤頂大道的旁邊，租下了一整棟五層樓的廠房，將一樓設為店面，二樓以上就是中央廚房與辦公室，也就是今天的內湖旗艦店。

同樣的，當我選擇那樣的地點跨出萬里的第一步時，一樣被周遭的親友置疑，覺得這棟大樓位處在那麼偏遠的位置，也沒有公車或捷運可以直接到達，我還直接租一整棟樓，風險實在太大。

但是，我之所以做出這樣的選擇在於，在萬里時，由於鄰近其他的店家，半夜廠房在做蛋糕時，常會影響周遭的鄰居而遭到不少指責，我在考量廠房的需求以及店面的客容量後，覺得這棟地處邊陲、位在橋邊的大樓非常適合！

除了因為它的周邊都是空地，不用擔心影響周遭的鄰居，加上這棟建物就在堤頂大道旁，只要將整棟樓都包裝成亞尼克的大樓，光在橋上就可以看到、非常明顯。

不可否認的，在某些時候，我的想法跟大多數的人常不一樣，但並非我不會聽人家的意見，而是當我心中已經有了理想的規劃，即便旁人不認同，我還是會堅持自己的做法試試看再說，畢竟最後不論成功或失敗，要負責的是我，而不是旁人。

在工廠從萬里搬遷到內湖以後，我決定逐步將原本亞尼克主要為代工批發的營業項目改為主要以門市銷售，除了想將亞尼克的品牌更深植於消費者心中，也有利潤與營業額上的考量。因此從那時開始，除了不再開發簽約新的合作對象外，合約已到期的店家也慢慢的停止繼續合作，而將產品主力都提供給門市的消費者。

對我和亞尼克來說，這是一次重要的轉型和定位，也是亞尼克慢慢從一個蛋糕批發的工廠進化為自有蛋糕品牌的重要轉捩點。

追求進化的同時，
也要防止掉落的可能

雖然門市販售的利潤大於批發代工的毛利，

但也會產生其他的問題，

一旦消費者對品牌和產品的熱度退燒後，

會不會造成業績的急速下滑？

到那時若要再走回批發代工的舊路，

不但會更辛苦，也說不定緩不濟急。

有人說創業最重要的就是前五年，只要撐過了前五年，就頭過身體過，之後就沒什麼大問題了。我倒不這麼認為。

以亞尼克的經驗來看，從2000年開始創業到2004年擴增到內湖，亞尼克的營業額可以說是逐年成長，而且非常快速，這樣的景況差不多到2006年。

也就是說，從亞尼克開始爆紅到搬遷到內湖兩年左右，我每天都整日在工廠和師傅們為了數不清的訂單而不斷的加班生產，睡在工廠更是常有的狀況。

至於在第一線面對消費者的門市人員，則常常受到大家買不到蛋糕而生氣的怒罵和抱怨，那時我的太太也都在門市一起幫忙，有一次更是被消費者罵到落淚。現在說來可能覺得很誇張，但這真的是當時的情景，而且現在想來都還歷歷在目。

不過隨著慢慢將代工批發的重心轉移到門市的品牌經營後，來不及消化訂單的狀況慢慢改善，大概兩年左右的時間，原本比重佔七、八成的批發代工業務，已經只剩下兩、三成的比例。逐步的調整後，亞尼克總算走出代工批發的框架，真正的塑造出了自己的品牌辨識度。

不過，雖然門市販售的利潤大於批發代工的毛利，但也會產生其他的問題，例如當一旦消費者對品牌和產品的熱度退燒後，會不會造成業績的急速下滑，畢竟台灣的消費者總是有一窩蜂的消費習慣，從很多年前葡式蛋塔的效應就可大概了解，到那時若要再走回批發代工的舊路，不但會更辛苦，也說不定會緩不濟急。

然而，從每間咖啡廳的甜點房到成為每個消費者的甜點房，擁有自己的品牌和蛋糕店，仍是我的夢想，所以我只能繼續往前。

增加能見度，
便利消費者購買的通路增設

果不其然，隨著代工業務的逐步結束，消費者對亞尼克蛋糕也慢慢開始退燒，只是蛋糕雖不是每天生活必吃的產品，但四、五年來，亞尼克在消費者心中已經塑造了高CP值蛋糕品牌的印象，吃過我們產品的消費者絕對都感受得到亞尼克的原物料和其他一般蛋糕店的不同。

因此門市大排長龍的狀況雖然與極盛期相比有落差，還是有一定的營收水準，不管自用、送禮或是慶生，大家還是會想到亞尼克。但即便這樣，亞尼克的營業額開始下滑卻是事實，如何讓下滑的狀況不繼續惡化，便是當時我要盡快解決的問題，而不是等到事情發生了才去想解決的辦法。

那時我反省自己一路走來，似乎都是等到發生問題再想解決方案的做，常會造成很多面向上的不周全，因此隨著亞尼克的慢慢壯大，如何能讓它真的在烘焙市場佔有一席之地而不是曇花一現，成為最重要的一件事。

當時我發現要讓品牌深耕在消費者心中，產品的品質當然是最重要的，但另一方面，讓消費者可以便利的買到產品也是能不能讓品牌更擴大的因素。

雖然已在內湖設立了新的旗艦門市，但對大部分的消費者來說，還是不方便，因此我開始思考該如何在各地擴展店面，不論是直營的或是加盟的，因為只有這樣，才能讓更多的消費者不但知道亞尼克，也能有更便利的購買地點。就這樣，兩年間亞尼克開了五間店，包括遠東百貨店、桃園店，以及三間加盟門市。若再加上萬里和內湖，便有七間店。

當不成第一，
就只能被遠遠的拋在後面

曾經有朋友開玩笑跟我說，「以後有新點子，只要跟著你做就好了，你都會衝第一個，然後我再仿照一下、調整一下就可以了。」

事實上，雖然看似我開啟平價切片蛋糕的熱潮，至今仍有媒體會稱亞尼克為「平價切片蛋糕的始祖」，甚至我也試圖設立加盟或是直營店擴展版圖，不過想法有了，也開始執行了，卻沒有完善的規劃和政策，將這件事有計畫的進行。

相對的，另一個品牌推出平價切片蛋糕的開端後，在有計畫的策略執行下，不但成功擴展了門市經營據點，也同時強化了它在消費者心中的印象，即便亞尼克的原物料品質遠遠的優於對方，但在市場的佔有率上，仍是差了一大截。

後來，當時那兩間加盟門市甚至因為在產品控管上的不周全，不但衍生出很多客訴的問題，也影響到消費者對於亞尼克產品品質的信任度。因此在合約到期之後，便都不再續約合作，而亞尼克的擴點計畫在那時也只好暫停下來，先專注在萬里、內湖還有遠東百貨的直營點經營上。

這就像有一個原料商曾跟我提過春水堂的某一個師傅是發明珍珠奶茶的人，但是這又如何呢？大家印象最深的會是將珍珠奶茶推廣出去的人或品牌，當初最原始的提出者若沒有掌握好機會發揚光大，也只能遠遠的看著原先的靈感或成果成為別人的成績了！

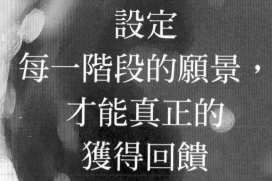

設定
每一階段的願景，
才能真正的
獲得回饋

想到一個新點子，就急著去成形，

遇到一個新機會，就馬上試著去實踐。

結果完全是一場大災難！

賠上不少資金當學費外，還搞得人仰馬翻。

在亞尼克二十年的歲月中，大概有十年的時間，在外人看來，我像是走了一堆冤枉路或是自找麻煩！但也就是這些經驗這讓我領會到，「經營企業就像插花一樣，要精不要多！」

想做得太多，反而樣樣都顧不到

企業和插花聽起來很不相干，為什麼我會以插花為比喻？

那是因為我本來就很喜歡美學和藝術，甚至小時候還想過要參加美術班，只是後來覺得學藝術可能會養活不了自己，便打消了這個念頭！不過我對於跟美學相關的領域還是非常有興趣。

剛開始創立亞尼克時，每當遇到瓶頸，我就會去插花，尋找靈感，因此我上過不少的花藝課，這樣的習慣來自於我若一味地在相同的領域中找尋答案，總不如跳脫出原有的圈圈有效。

從插花過程中我領悟到，一件好的作品要具備以下的基本條件：花、果實、枯木、石頭、器皿、水、光線，以及擺放的位置，才能成就一件好作品。相對於企業，也是一樣的道理。基本上要天時、地利、人和，才會有最好的果實，當然，在待人處世上也是同樣的道理。

然而就在我試圖讓亞尼克轉型成為一個甜點王國時，卻沒遵循著這樣的想法，想到一個新點子，就急著去成形，遇到一個新機會，就馬上試著去實踐。

那幾年除了各種產品的研發外，我甚至還開了貿易公司，只為了能夠進出口原物料，覺得可以更加管控成本，也能更要求品質，結果完全是一場大災難！

賠上不少資金當學費外，還搞得人仰馬翻，公司的同事們不滿連連，所以在那幾年中，公司的人事常變動，也造成很多的困擾。

單一而純粹的企圖，
再集眾人之力共同達成

回想那段瘋狂又不算短的時間，好在亞尼克之前打下的基礎夠穩固，讓我可以有這麼一段不算短時間的任性嘗試！

我向來不會對發生過的事情感到後悔遺憾而一直往後看，我只會向前看，想著要怎麼樣改進才會更好，才不會發生同樣的狀況。我會去找原因，想方法，這就是我的個性，也是我的特質。

從那樣的一段經驗中我體會出，當要達到心中所想的企圖時，我必須設定一個目標，那個目標不是賺大錢、賣好車、住好房這種實質利益上的冀求，而是一個願景，對於我想要將這公司帶到怎樣的境界。

例如在2013年生乳捲剛上市時，因為電商團購平台的崛起而造成熱賣，當時我想到的並不是藉由生乳捲可以增加多少營業額，而是這樣一個產品到底可以讓多少人品嘗到。

我希望生乳捲可以帶動一波吃捲蛋糕的新風潮，傳遞一種分享並歡樂的情感和氛圍，不需要一定要慶生或節慶時，大家才會聚在一起，在平時就可藉由捲蛋糕這種適合分享的甜點，讓大家可以聯絡彼此的情感。像在日本，就有所謂的生乳捲日！

但是這樣的願景不是我一個人想要做到就可以做到，需要行銷部和業務部想辦法讓更多消費者知道生乳捲、需要工廠的師傅和生產線的同事們可以提供品質穩定又數量充足的貨源、需要第一線的門市人員可以跟消費者說明生乳捲的特色等，需要各部門的齊心協力！

為了讓大家可以有一個共同努力的方向，我跟大家允諾，如果月銷售量達到六萬條，全公司每個人就加發六萬元獎金！

2016年度總銷售條數
♔ 1,677,800 條

2017年度總銷售條數
♔ 1,534,540 條

2019年度總銷售條數
♔ 1,603,001 條

這樣的誘因對於亞尼克來說，等於是要把當年的獲利全部發出去，但我相信對於同事來說，會是一個最直接的回饋！畢竟我的願景就是希望讓生乳捲的普及度盡快達到最大化！

果然那年這樣的希望在全公司的動員下，齊心合力的達成了！對亞尼克或是我來說，都是一個新里程的開始。特別是對我來說，讓我更清楚的找到自己該如何替亞尼克這個品牌定位與經營，讓亞尼克有一天也能成為一個百年品牌，甚至跨足到國際舞台發光發熱！

創業過程的艱辛，
一定要有人相互扶持

從認識、結婚到生子，

亞尼克也從廚房、外賣小舖到品牌經營，

我和瑞文兩個人，不論生活或工作都密切相關，

但個性卻南轅北轍，我很容易想到什麼就做什麼，

她卻仔細又謹慎！

老一輩的說成家立業，對我來說，就是因為有了成家的打算，才更堅定的開始了創業生涯，也就是說，亞尼克的最重要開頭是因為瑞文──我的太太。

阿姨媒人來牽線，
生涯規劃轉個彎

跟瑞文的認識在我到原料進口商當技師時期，當時公司有個非常照顧我的同事，以年紀來說，我應該稱呼她為阿姨，而阿姨的好朋友剛好就是瑞文的母親。

阿姨一直很照顧我，也很賞識我，常常會跟我聊些生活或是工作上的事，在我覺得自己不適合坐辦公桌、當技師時，提出覺得我做蛋糕很好吃，應該自己做蛋糕賣給咖啡館的人也是她。

有一次我們跟往常一樣閒聊時,她突然跟我說,「吳師傅,你有沒有女朋友?我有一個好朋友的女兒很不錯,我覺得你們很相配,介紹你們相互認識好不好?」在阿姨的熱心牽線下,我和瑞文才有了後面的緣分。

剛認識瑞文時,她是在證券公司負責客戶的業務,原本學資訊的她,因為對電腦沒有太大的興趣,所以考了股票營業員的證照,不過,直到這兩年我才知道,原來她最初在學校學的是資訊工程管理,但我卻一直以為一開始在證券公司上班的她,學的是會計……。

難怪當公司要建置及串接ERP、POS等系統時,她總是能找出一些問題點,我還心想她真是聰明,學會計的還這麼了解電腦系統!當朋友知道我竟然不知道瑞文原本學的是電腦資訊時,都覺得很驚訝,想說我們結婚都已經快二十年了,怎麼連這點小事都不知道!

但不可否認的,在生活上我真的就是這樣不經意,完全不同於我對工作上的要求。尤其是我絕對不能同時做兩件事,否則一定會出錯。

例如有一次我開車出去辦事，結果當時我心裡正在想著其他事，不知不覺間便誤闖了紅燈，馬上當街被警察攔了下來。但我是那種知道自己不對，絕對不會強詞奪理、找一堆藉口的個性，二話不說，我馬上跟警察道歉。

還有次店裡的水管壞了，我就開車去買水管，當時因為店裡還在趕蛋糕預定訂單，我把水管買回來後就匆匆進門，連車子的火也沒熄，門也沒關，一直到後來附近鄰居看到了跟瑞文說：「啊，老板娘，你們家的車子又沒關。」我才知道又忘記熄火了。諸如此類在生活上的烏龍事情層出不窮，常會被瑞文拿來開玩笑。

因緣際會而讓彼此成為
最得力的助手

剛創業時，瑞文還在證券公司上班，當代工經營了一段時間、小有成果後，再加上有一個得力學徒的協助，讓我決定再往前一步，在瑪鍊路上開一間店，脫離在自家廚房工作的小格局。不過沒想到當我把店面租下來，一切準備妥當，正要大展手腳時，小學徒竟然臨時變卦，說他打算先去當兵了！

這突如其來的變化讓我措手不及，一時間我不但要忙著新店的開張、研發新品，還有找人顧店面等大大小小的事情。在這種窘迫的狀況下，我便建議瑞文離職跟我一起創業。我跟她說，「如果你不能來幫我，我也是要另外請一個人。」

就這樣，瑞文離開了原先的工作，開始跟我一起創造屬於亞尼克的一切。我主內，負責產品和研發；她主外，負責門市和帳務。

這幾年年紀漸長，我越來越覺得人生是個很奇妙的旅程，因為你不知道什麼時候會轉彎，又在什麼時候會獲得幫助和力量！小學徒的突然變卦讓我頓時失去幫助，但卻也因為這個變化，讓瑞文不但成為我的另一半，也成為一起創業的夥伴！當時若不是這個變化，瑞文並不見得會離職來協助我，可是這樣的結果對我們來說卻是重要的！

在創業初期，我每天都非常忙碌，她的工作型態跟我完全不同，而她又是在一個跟我完全不同的領域，根本難以想像為什麼做蛋糕會這麼忙！

每次我們約會不是在送貨的路上，就是一邊做蛋糕一邊聊天。不過當她成為我的工作夥伴，幫我管理門市和帳務後，她對我的工作就有更多的了解，對我為何常會沒有時間陪她而有更多的包容和諒解！

我們兩個的人生從認識、結婚到生子，亞尼克也從廚房、外賣小舖到品牌經營，不論生活或工作都密切相關，卻又保有各自的空間！

我們兩個的個性幾乎完全互補，我很容易想到什麼就去做什麼，她卻仔細又謹慎！但是因為非常了解我的個性，每當我對什麼事情產生莫大興趣時，她就會「冷處理」！

若我依然堅持，她就放任我去執行，她認為只要我去撞得頭破血流就會清醒了！也就是因為這樣的相輔相成，讓亞尼克一路走來雖然有起伏波折，但因為她總能設定一個讓我會知難而退，又在掌控中的停損點，而使亞尼克二十年來，雖然做了不少在業界看來瘋狂的事情，但還是能安穩地發展。

Part 2

換個方向，可以看到不同的風景

當一間蛋糕店的老闆和一個百人企業的經營者是不一樣的，吳宗恩從中所領會到的酸甜苦辣，不但讓亞尼克成為台灣知名的蛋糕品牌，更帶起了生乳捲的風潮，這些經歷對吳宗恩而言都是一種學習，更是一種成長。

創業的一路
就是不斷的嘗試和改變

我瘋狂地埋首在工廠和原物料的廠商間，

試圖打造出心中的甜點王國，

希望消費者想到甜點就會想到亞尼克！

現在回過頭看那段時間，

除了覺得自己瘋狂又任性，

也覺得自己野心太大。

企業就像是一個人的成長，從幼兒期的慢慢學走路到長大成人，一路上不免跌跌撞撞，企業也是一樣，總會經過一些波折與難關。

因此，在現實的創業中，企業的發展不是如同向上的斜坡一路往上，而是像階梯一樣，上去一階了，維持著穩定的業績，然後再找往上的機會，繼續向上一階。

不過這樣是一個最理想的狀況，可以一階一階的不斷往上，但要維持一個企業的經營並不是那麼簡單，尤其我們這種屬於消費性產品的企業，當產品對於消費者沒有新鮮感時，就要開始擔心業績的下滑。

所以如何讓企業的發展一直處於高原期，盡量延後往下掉的時間，甚至繼續製造往上成長的機會，就是一門學問了。

隨時應對跌跌撞撞
又狀況百出

從萬里的批發代工到內湖時轉以品牌經營為重心,現在想來,不得不覺得自己當時真的很有膽量。若是今天再選擇一次,我可能會有不同的做法。

事實上,那時並不是沒有想過將代工和品牌並重發展,甚至思考過將代工部分另外成立一個品牌和工廠,讓跟著我的那些老師傅負責經營,我則負責亞尼克的品牌經營。但又擔心若真的這樣做,亞尼克的工廠人力不就短缺了嗎?

說起來,應該怪我那時太小看代工的市場,一直覺得代工批發的市場已經到一個最大化,隨著越來越多競爭者的加入,只會越來越不好做,利潤越來越低。所以在各種因素的考量下,我決定將這一塊市場放棄,這代表著我把當時已高達五、六千萬營業額的代工生意往外推。

因此當消費者對亞尼克的產品開始退燒，我們便面臨了逐步的業績下滑。直到後來才發現代工市場遠比我想像的大很多，而人員的流動則是根本不可能避免的。

相對的，若我當時真的另外成立一個代工的品牌請師傅經營，說不定更能留住人才，亞尼克也會因為在厚實的代工市場基礎下，而不會在內湖經營三、四年後，就面臨營業額的逐步下修。

當營業額下修，我原本並不想往中南部拓點的想法有了轉變，只是沒想到拓點的過程和結果都不順利，只好暫停。

就在那時有人引介了一個乳品集團的老闆給我，表示想要投資亞尼克！當時我想若能借助那個集團中的超商體系，說不定可以讓亞尼克的產品有更大的市場。在這樣的考量下，我將一部分的股分賣給了對方。

不過，雖然雙方在理念上都很有共識，但實際執行時，還是跟理想的狀況有所落差。這之間的差別主要在於，亞尼克偏向「我說了算」的游擊式經營管理，然而當公司有其他股東的參與後，很多事情的規劃和執行都變成要有一些規範和流程，對於當時的亞尼克來說，反而造成一些執行上的問題，在步調上也有些落差。

有時想想，或許就因為我總是想到一些方法或策略時，就會馬上嘗試執行，而之可以如此，那是因為我是老闆，也是員工，「不論成敗，都是我要承擔。」

但當公司成為合資的狀況，為了兼顧股東的權益，每一個政策或投資的執行，便需要經過層層關卡，不論對亞尼克或是投資者而言，雙方都處於一種水土不服的狀況。因此不到半年，我便將賣出的股分買回，這一項合作便終止了。

通路擴張的不順遂，
轉而打造甜點王國的美夢

原本想藉由便利商店的合作，讓產品能夠提高能見度的想法，雖然因為合作的終止作罷，但沒有打消我要尋找挽救衰退業績、再創亞尼克高峰的想法。

當時我就想，「為何我不把亞尼克打造成一個甜點王國呢？就像甜點的百貨公司一樣！」我開始試著生產除了蛋糕外的產品品項，不再只限於蛋糕類！

於是我投入更多的經費在各種產品的研發和機器設備的投資預算上，不論是餅乾、派塔、新口味的蛋糕，甚至還有馬卡龍、冰淇淋和巧克力！為了做出好吃的冰淇淋，我還投注很多的經費購買冰淇淋機與冷凍設備。

在那段過程中，我瘋狂地埋首在工廠和原物料的廠商間，試圖打造出心中的甜點王國，希望消費者想到任何甜點就會想到亞尼克！現在回過頭看那段時間，除了覺得自己瘋狂又任性，也覺得自己野心太大。為了創造更多的營業額，完全沒有深思熟慮！

一個成功的品牌必須要將主要的產品為導向深入人心，所有的資金運用和營運概念都必須繞著主產品而衍生。雖然不同的產品可以帶來不同的消費者，但在腳步剛站穩的時候，就把大筆的精力和心血花費在其他的產品線，不但讓原本的主力衰退，更不能加深消費者對於新產品的認同度。更別說當時我還為了這些衍生的產品大量建置產品線、機器和工廠設備了！

那是一段壯烈又辛苦的過程，完全不同於亞尼克創業初期的辛苦，不但耗費了亞尼克不少的人力、物力和財力，甚至還曾一度被媒體誤傳我因為不堪負債壓力而自殺，讓我哭笑不得！

不過，這些波折讓我接下來能夠更清楚知道可以做什麼、不能做什麼，擴大市場版圖的同時，必須守住哪些原則。例如現在到亞尼克的門市時，消費者可以發現除了亞尼克的產品外，還會有從日本進口的瓷器、因應節慶的一些小物等，但這些商品的陳列販售都只是為了豐富店內的產品，讓消費者來亞尼克，除了蛋糕外，也有些其他的相關商品可供參考。

但這些商品絕不會反客為主，成為店內的主力，而我也不會如同以往，再將過多的時間和投資投注在蛋糕以外的產品上。我一直認為，從來沒有白走的路、白做的事，若沒有那段日子的經歷，我就不會有現在的體會，亞尼克也不會有現在的樣子！

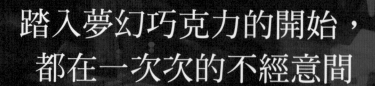

踏入夢幻巧克力的開始，
都在一次次的不經意間

為了爭取以長期簽約的方式合作，廠商提出了
「贈送免費名額到日本參觀並學習巧克力製作」
的配套優惠。
簡單來說就類似店家為了增進買氣，
會推出「買千送百」或是「滿額送贈品」的概念。

在近十年嘗試不同產品的過程中，巧克力算是我投注最多心力並一再嘗試的品項。即便到今天，我對它的好奇與熱愛還是不減，不時會看一些跟巧克力有關的影片或是相關資料，這些知識和訊息，成為我在研發更多的蛋糕類產品時的輔助。只是在這幾年的摸索後，我深刻了解到品牌的形象來自於主產品給予消費者的印象，而不在於有多少的附屬產品。

就像星巴克雖然也販賣很多周邊產品，例如蛋糕、餅乾，甚至節慶時會有蛋捲等產品，但大家對於它就是一間咖啡店的印象是不會變的！而它的主力資源也會放在跟咖啡相關的經營上，不論是店內氛圍的塑造或是擺設！

所以你會看到星巴克有咖啡機等器具，另外這幾年紅起來的cama現烘咖啡專門店，還會看到它們在店內放置烘豆機，但你絕對不會看到這些咖啡店會讓其他的產品搶過咖啡的鋒頭。

不過，我當時到底是怎麼一頭栽入巧克力的世界中不可自拔的呢？除了我想以增加產品種類提升營業額的想法外，就要從廠商為了爭取我們的長期合作而提出各種優惠方案說起！

激起對巧克力興趣的日本行

其實一般的糕點中本來就常會有巧克力原料的加入，而巧克力本來就非常受到消費者的喜好，特別是女生！只不過在亞尼克，巧克力並不是一種主要原料，它總是被當成配角使用，甚至只被當成點綴或是調和口味的一環！

即便是這樣不是主角的原料，我也都是使用國外的進口原料！當時亞尼克的巧克力原料主要來自比利時、日本，但由於原物料價格不斷的上漲，各家的原料進口商便面臨了很大的壓力，一方面為了反映成本、必須提高價格，一方面又擔心因為價格的提高會失去客戶，尤其是一直有著良好合作關係的亞尼克。

為了爭取我們能夠以長期簽約的方式合作，並增加巧克力的訂購量，廠商提出了「贈送免費名額到日本參觀並學習巧克力製作」的配套優惠。

簡單來說，就類似店家為了增進買氣，會推出「買千送百」或是「滿額送贈品」的概念，而我們則是「簽幾年約、增加進貨量，就可以送幾名免費名額到日本進修觀摩」的方式。

我一向非常願意提供員工的學習與進修機會，在這樣的前提下，我想反正一樣會派上用場，又是合作良好的廠商，就簽個約、增加些進貨量，還可以送幾個師傅出去見見觀摩一下，沒什麼不好，於是就這樣，一趟日本行開啟了我對巧克力的更多接觸和認識！

從單一產品線到專門店，
從日本到法國

帶著從日本觀摩後回來的驚喜，加上巧克力進貨量的增加，我埋首研發關於巧克力的產品，並送師傅到國外進修，學習巧克力相關課程。而且還替巧克力產品開一條專門的產品線，後來甚至開了間亞尼克可可坊，雖然屬於亞尼克的產品，但卻是另外開設一間門市，跟亞尼克原有的糕點門市分開。

只是不到一年的時間就不堪虧損，為了避免損失越來越大，我趕緊把可可坊結束。這個經驗讓我突然發現，開店不是往前衝就可以，不是自以為的原料好、產品好，自然會有客戶上門，可可坊的經驗給了我一次寶貴的教訓！

可可坊的經驗雖然讓我跌了一跤，但我卻仍沒有死心，在
2009年我去法國參加比賽時，剛好有機會到法國著名的巧克
力店走訪，並且品嘗了各種的巧克力，那時我才發現，原來手
工巧克力竟然有很多的變化，甚至有辣的、苦的，在不同的內
餡搭配下，還會呈現出不同的風味和口感。

這樣的發現再度點燃我對巧克力的興趣。

我當時想，巧克力在歐美這麼受歡迎，就是因為當地人都知道它的獨特與美味，就像葡萄酒一樣，有它自己的韻味和個性！

若我也能讓消費者感受到巧克力的這些特別之處，感受到它不同於一般甜點或糖果的美味，那它就會是一門好生意。

也就是在這樣的想法下，我再度開始了巧克力的探索和創業之旅，只是這一次不再只是附屬於亞尼克的單一產品線，而是成立一個專門的品牌，我希望能塑造出屬於它自己的樣貌，一個不同於亞尼克的樣貌。

就這樣，安娜可可藝術坊成立了，一個專門以巧克力產品為主的品牌！

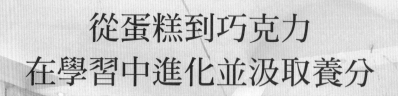

從蛋糕到巧克力
在學習中進化並汲取養分

為了了解這些巧克力的特色和最好的製作保存方法，
我不但在國內參加各種跟巧克力相關的課程，
也到日本、法國上課學習！

打造一個全新的、有別於亞尼克，專門為巧克力而設計的品牌，並不是簡單說說、有原物料就可以做到的。除了巧克力的製作工法跟糕點類完全不同，需另外進修學習外，在外表的呈現和原料的搭配上，我覺得它是一項更接近於藝術品的產品！

或許你會覺得我這樣說有點太誇張，「巧克力不就是一種甜點嗎？怎麼可以跟藝術扯上關係！」那是因製作手工巧克力的甜點師需要更有美感，更仔細小心！製作時的溫度掌控更是不能馬虎！

當時市場上除了原本就有的一些外國進口的巧克力品牌外，也有些台灣的個人品牌推出，那一、兩年，巧克力在市場上很受歡迎，因此為了讓新的巧克力品牌可以在市場上異軍突起，我研發了各種不同的內餡，不但有雙餡、甚至有三餡，就是想要讓消費者品嘗到不同於一般的巧克力產品！

從安娜可可 實現巧克力夢想

提到巧克力，每個人聯想到的國家大都是法國，或許是因為巧克力總被跟浪漫畫上等號，不管情人節或是想對心儀的對象示愛，巧克力幾乎都是最理想的禮物，而法國又是大家心目中最浪漫的國家，巧克力和法國便很容易被聯想在一起。

事實上，巧克力的起源地並不是法國，而是從西班牙傳進法國。它源自於一名叫安娜的西班牙小公主遠嫁到法國，才將西班牙從馬雅人那裡知道的巧克力帶進法國。

由於安娜是第一個把巧克力帶進法國的人，再加上我所進口的巧克力原物料大都從法國直接進口，因此當我打定主意要替巧克力這項產品做番轟轟烈烈的品牌規劃時，就將這個新的巧克力品牌定名為安娜可可藝術坊，結合了引進者與手製巧克力的精神和意涵！

安娜可可所有的定位、策略、消費者訴求，甚至產品包裝等都完全不同於亞尼克。例如亞尼克希望能夠提供給消費者大眾並休閒的感受，強調親子同樂的氛圍，而安娜可可希望帶給消費者的品牌意識則在於奢華貴族、獨特和優雅。

因此亞尼克的品牌標示與包裝都以紅色與白色為主，呈現出溫暖又親和的意象，而安娜可可則是以黑色、銀色和桃紅來表現出神秘與高雅的感覺。

不過即便品牌形象與定位產品都不一樣，但亞尼克與安娜可可共同的特色就是，所有的原物料都進口自歐美日的一級廠商，不但有各種安全認證，品質受到嚴格的把關，所有製作好的產品都強調新鮮，一過賞味期就全部銷毀！

從接觸、學習到比賽，
讓烘焙師成爲甜點師

安娜可可藝術坊的誕生並不是一個臨時起意的想法，而是醞釀許久的計畫。在真正行動之前，我做了很多的功課，包括找尋製作巧克力的最好配方與原料。後來在法國接觸到所謂的莊園巧克力後，因為不同莊園的風土條件所生產的不同巧克力的口味差異，讓我感到非常驚喜！

就像葡萄酒一樣，每一種莊園巧克力的滋味都不一樣，各有各的特性和風味，而這種特殊性是即便用最頂級的巧克力原料也做不出來的，它的差別就在於這些巧克力的生長條件！因此有的巧克力嘗起來就有一股辛香味、有的卻有煙燻味或是水果氣味！

為了了解這些巧克力的特色和最好的製作保存方法，我不但在國內參加各種跟巧克力相關的課程，也到日本、法國上課學習！但當然不是只有我去學就夠，而是負責巧克力師傅一起參與，就連行銷及營業部門的同事也一起出國觀摩學習，讓他們了解巧克力專賣店如何銷售、服務，以及行銷包裝。

為了培植巧克力師傅，我讓他們去上課進修，也鼓勵他們參加國際性的比賽。說實話，我自己雖然並不喜歡參加比賽，覺得那只是一個形式和表象，這樣的想法在於我已經在這個領域中有了一定的名氣，但對於年輕的師傅而言，若能夠多參加比賽，增加自己的經驗和知名度，絕對有利無害。

只是在比賽的選擇上，我會跟他們建議求精不求多，也就是選擇比較知名又有指標性意義的國際性比賽，而不是著眼於一些區域性的小比賽，畢竟準備比賽也是相當花費時間和金錢的投資！

為了穩紮穩打，在師傅就定位後，我先在內湖店闢出接近一半的區域展示安娜可可的產品，經過了一年左右的運轉，我才在板橋開了第一間的安娜可可藝術坊專門店。

在大家的努力下，不但師傅們參加比賽陸續得到不少大獎，安娜可可的營業額也越來越上軌道，穩定成長，只是到損益兩平還是有一段差距！這差距雖然後來有漸漸拉近，不過兩、三年後，終究在考量整體市場大環境以及亞尼克的重新定位下，而結束了安娜可可藝術坊的經營！

不過，我並認為這是一次白費功夫的經驗，事實上我認為若不是安娜可可那幾年的磨練，我可能不會這麼痛定思痛的重新思考亞尼克的定位，也不會有機會創造日後的生乳捲風潮了！

從生乳捲的誕生找回初心，
以最單純新鮮的滋味
征服消費者

為了找尋適合的內餡鮮奶油，
我至少花了半年的時間尋訪，
後來找到向來只供日本國內使用、
乳源來自日本北海道的鮮奶油，
我才有機會做出入口即化、
清爽卻又不失香醇的北海道奶霜。

如果說「生乳捲救了我一命」可能有一點誇張，不過生乳捲的熱銷讓亞尼克轉虧為盈，甚至更上一層樓，卻是事實。

因為生乳捲的經驗，讓我頓悟到亞尼克應該回到最擅長的「做蛋糕」這件事，而不是一味的發展成為甜點百貨公司，或許這樣的夢想在國外能夠成真，但是在台灣卻是行不通的！

完美的蛋糕體配方，
等待最理想的奶霜原料

在研發生乳捲之前，其實每到草莓季，亞尼克有一項非常熱賣的商品就是草莓捲，那時在內湖的亞尼克旗艦店有一個透明的廚房，讓師傅在裡面現做各種巧克力、馬卡龍等甜點，到了草莓季，就是做最新鮮好吃的草莓捲。

每天使用的大湖草莓都是當日現採,直送到店內。由於草莓容易壓傷出水,造成蛋糕體的軟化,因此每天都採限量製作。當日的數量賣完,就要預約訂購。

從草莓捲的熱銷受到啟發,我發現愛吃甜食的日本人也很愛吃蛋糕捲,甚至有所謂的蛋糕捲日,蛋糕捲的長條狀非常適合大家一起分享,因而我也想做一款能夠大家分享的產品,並讓它成為亞尼克的代表作。

於是我從公司的資料庫中找各種配方的資料和配對,發現了一個原料商曾經提供的蛋糕體配方,並且大膽開始使用日本蛋糕專用麵粉,日本麵粉非常細緻,保濕性相當好。

試做之後發現,若以隔水蒸烤的方式取代原來的烘烤手法,呈現出來的蛋糕體不但保有蛋糕的香氣和彈性,更多了因為隔水蒸烤的水氣而有蓬鬆綿密的口感。

這樣的嘗試和發現讓我很驚喜，不過蛋糕體有了，但是另一個主角鮮奶油卻始終沒找到最合適的來源，雖然亞尼克向來都用法國的鮮奶油，但歐洲鮮奶油的口感比較濃厚，適合搭配一般以烘烤處理的蛋糕體，但這款新的蛋糕體卻必須找一個口感清爽又香滑的鮮奶油。

為了找尋適合的內餡鮮奶油，我至少花了半年的時間尋訪，後來因為日本人口老化，境內對於牛乳的需求減少，於是讓向來只供日本國內使用、乳源來自日本北海道的鮮奶油可以出口，我才有機會進口當地的鮮奶油，做出入口即化、清爽卻又不失香醇的內餡原料，這種接近鮮奶的鮮奶油，介於鮮奶油和鮮奶間的口感，我稱它為北海道奶霜。

事實上，在研發出最足以匹配蛋糕體的奶霜之前，有一段小插曲讓我獲得不一樣的學習。當時台灣很多廠商都紛紛想要到中國開創商機，有一個大集團老闆想要找我一起合作到那裡開發婚宴市場，希望亞尼克能負責投資喜餅部分。

雖然沒有太大的興趣，並知道所謂吃喜餅的習俗只有在台灣，中國並沒有這種習慣，但是在對方盛情邀約下，想說到那裡拜訪一下當地的食品工廠也不錯，便答應了這一趟參訪之旅。

沒想到的是，在這趟行程中，拜訪幾家烘焙工廠時讓我發現，他們在製作鮮奶油時，有的廠家竟然摻入水或鮮奶，這讓我覺得很吃驚！因為通常我們會覺得鮮奶油一旦放入其他的液體，會失去原來的滑順口感，沒想到竟然沒有！

回來台灣後，我以這趟參訪中獲得的靈感來調整製作內餡的成分，這趟原本讓我興趣缺缺的參訪之旅，反而成為我能夠研發出最完美鮮奶油的契機！

從生乳捲開始的
電商布局

———— ❦ ————

從蛋糕體到研發出適合台灣人口味的北海道奶霜，差不多花了近一年時間的研發，總算在2013年6月，生乳捲可以量產上市。

生乳捲的「生」字，源自於日本日本「鮮」奶油的「鮮」，漢字為「生」，並有新鮮的含意，這也是亞尼克從創立以來一直嚴守並強調的部分。

因為之前想要開拓連鎖店與安娜可可坊的失敗經驗，這次在研發生乳捲的同時，我也開始思考生乳捲上市後的通路規劃。

當時正好是電商平台越來越白熱化的時機，亞尼克早在好幾年以前就有經營官網的網路商城，不過在營業額與銷量上一直沒有明顯的成長，因此網購部門一直希望某些商品是網購獨有的，以區隔跟門市產品的重複性。

因此在生乳捲研發時，我首先想到的就是讓它成為網路商品的主力。但是該怎麼做才可以有最大的效益？

那時我請了幾間行銷顧問公司一起合作，其中一間提出了團購的想法並有具體的執行方案，評估後，那間公司成為生乳捲剛上市的行銷顧問。

那時候各團購平台剛起步，非常火熱，像是愛合購、gomaji
等，於是在行銷顧問公司的協助下，我們跟各個網購平台合作
不同的團購案型，像是階梯式的團購優惠，從四件開始享團購
優惠、七件即可免運，因為團購就是要省運費，這樣的設計，
讓蛋糕走上高客單；十五件再加送一件，二十五件再加送兩件
門檻逐步往上堆疊，並給予更多優惠。用以量制價的策略和免
運門檻的設定，鼓勵消費者合購。

在全盛時期，網購平台一天會有五十到六十團，每一團差不多都是十五條以上的數量。

原本行銷公司提出想要讓消費者一次買好幾條生乳捲的想法時，公司內部出現很多不認可的聲音，大家都覺得「怎麼可能一次買那麼多條」，結果真的實現了，而且獲得非常大的迴響，也帶起了之後的生乳捲風潮，讓亞尼克再次爆紅，成為生乳捲掀起狂潮的開山始祖！

讓生乳捲成為長銷產品，
而不是曇花一現

公布獎勵方案後短短幾個月，
每個月生乳捲的銷售量達到六萬條！
在那一年，全公司每個人除了年終外，
我又加發六萬元的獎金！

在團購平台的助力下，生乳捲的銷售量一直創新高，短短半
年，生乳捲成為團購冠軍蛋糕。工廠幾乎二十四小時輪班上
工，才能應付龐大的團購需求。

只是經過一年左右的時間，銷售數字似乎出現瓶頸。我發現每
個月售出兩萬條似乎已經是個極限，這極限來自於工廠能夠生
產的數量、生乳捲的普及度，以及業務的推廣等各種因素。為
了刺激大家的動力，我宣布如果生乳捲的單月銷售條數達到六
萬條，全公司每個人加發六萬元獎金，包括工讀生。

以實質效益回饋員工，
擴大產品的接觸面

當我許下每人加發六萬元獎金的允諾時，一方面有人覺得不
可能，一方面則有人覺得若真的辦到了，每個人加發六萬元

的獎金，等同於當年的獲利全數歸零，我這個老闆怎麼可能
這麼大方。

我一向是個說到做到的人，許下這個承諾的初衷在於，與其我
一個人想破頭、衝銷量，還不如所有的員工一起想、一起努
力，若真的達成，大家就一起分享成果。

對我來說，能讓生乳捲普及到全台灣每一個家庭甚至每一個人
是我的願景，從中提高的營業額，則是隨之而來的附加價值。

這樣的想法也是十幾年來的品牌淬鍊經驗獲得的體悟，也就是
領頭者的願景一定要大，而不是只著眼於眼前的利潤。

俗話說：「重賞之下必有勇夫。」這話一點也沒錯。雖然心裡
覺得兩萬條和六萬條的差距很大，但大家還是有想要拚拚看的
想法，畢竟六萬元並不是小數字。

於是營業部更積極的洽談各個平台的合作、行銷部想辦法爭取生乳捲的曝光度，不論是經由部落客的介紹，或是新聞稿的發送。工廠部分則增加設備、增加人員並改善生產流程，讓生乳捲的產量可以更穩定、更多。

至於包裝部門一旦來不及應付龐大的銷售量時，公司任何一個部門有空的同事就會穿上防塵衣到工廠協助包裝出貨，這其中當然也包括了我和瑞文。

就在我公布這個獎勵方案後不到三個月，每個月生乳捲的銷售量真的達到六萬條，甚至達到八萬五千條！在那一年，也就是2015年年底，全公司近兩百人，每個人除了年終將金外，我又另外加發六萬元的獎金！

所有員工都開心得不得了，這樣的消息傳了出去，帶來了更多的媒體效應，就如同亞尼克剛創業時一般，越來越多的媒體來採訪亞尼克，把生乳捲的名聲越推越廣。而且從那時開始到現在，生乳捲的銷量就一直在超過十萬條以上，沒有掉下來。

從電商、超商到門市，
有計畫的進軍市場

從切片蛋糕到生乳捲，我在打造亞尼克這個品牌時，曾走錯不少路，但也因為這些經驗，讓我知道當機會再度來臨，我該做好哪些準備。

我曾經為了讓亞尼克有更高的市占率，在沒有計畫的狀況下盲目開放加盟和分店，後來又逐一結束。當生乳捲成為熱銷商品，亞尼克再度成為消費者心中的蛋糕名店後，我知道不能如同以往，在毫無策略的狀況下經營通路。

因此我將生乳捲的通路安排分為三階段，第一階段就是團購電商，利用團購網的平台與網路無遠弗屆的力量，把生乳捲的名聲打開，也把銷量盡量拉大。

第二階段則是跟超商合作，搭配各種不同方案，像是雙捲禮盒、超商取貨免運費、團購優惠或是限定口味等。

第三階段則是實體門市的經營和設立。雖然電商的平台仍是非常熱烈，但還是有很多的消費者想要現場試吃並看到實品，才會有購買的意願，也就是我認為未來的消費市場會是一個虛實整合的狀況，才能吸引更多的消費者，也讓更多人接觸到產品。

所以當生乳捲經歷了前兩階段電商與超商的經營運作後，我從2017年開始，有計畫性的在全台灣開設實體門市，只是經過之前的教訓，這些實體門市都是直營，而不是加盟的，才能保證最好的品質，我希望未來在全台灣各縣市都能有一間亞尼克的店面。

2016年，因為想拓展國際市場，我跟日本電商市場合作，在日本樂天架設官網，以代工生產、派遣台灣的品保人員到日本駐廠的合作方式，將生乳捲推廣到日本！

畢竟日本人不但是個喜愛甜點也重視甜點的國家，而生乳捲的所有原物料又都來自日本，我想或許是亞尼克可以踏出台灣的試金石。

為了拉近跟日本消費者的距離，我們還特別研發了具有台灣特色的芒果和烏龍茶珍珠口味的生乳捲，並和日本的大胃王明星合作。

靠著這些台灣特色和產品口碑，在競爭力非常高的日本甜點市場，生乳捲還是有單日賣出百條的銷量，這樣的成績對於亞尼克和生乳捲而言，都是一個很大的肯定。

直到2019年年底，生乳捲的總銷售量在六年來已經達到八百
多萬條，假如一條代表一個人吃過生乳捲，那八百多萬條就代
表已經有八百多萬人吃過亞尼克的生乳捲。

我下一個願景就是希望生乳捲的總銷量可以在十年內達到兩
千三百萬條，也就是全台灣每一個人都吃過生乳捲，我知道這
個願景非常大，但我會努力實現它，直到成真的那一天！

生乳捲輪番上陣，
創造銷售奇蹟

「一樣的食譜，做起來卻是不一樣的味道，

才是厲害的師傅。」

即便是用完全一樣的材料和配方，

亞尼克的生乳捲就是有屬於自己的特色和味道。

從2013年第一條生乳捲上市到今年，已經研發超過一百種口味，平均每個月會推出兩種！

這些口味包含了地區的在地限定，例如在新竹大魯閣湳雅購物中心設立第十六間門市，就推出了只有新竹門市才有的東方美人茶生乳捲。到了草莓、芒果等時令水果的季節，則會推出草莓生乳捲、芒果生乳捲等品項，到了特殊節慶或門市活動，也會有些不同的口味推出。

這兩年因為增設YTM蛋糕販賣機在雙北捷運站，增加許多異業合作的機會，而有些特殊的聯名限定口味，則因為跟一些部落客或是廠商在異業合作上的交流，而專門研發特殊的聯名限定口味。

在這些不同的口味中，有些只是有時間限定的新口味，但也有不少是長銷固定的口味。至於哪些口味對我來說最印象深刻，則大概是以下幾種。

從發想到生產，
最有故事性和意義的生乳捲種類

起點的開始：原味生乳捲

原味生乳捲是第一款研發出來的生乳捲產品，除了蛋糕體和內餡的鮮奶油外，沒有其他的原料，口味最單純也最簡單，卻是銷量最好也最長銷的口味。

每個月，原味生乳捲的銷量占整體生乳捲總銷量的四到五成，這代表了即便不斷推陳出新各種新口味，越單純的味道卻越禁得起時間的考驗。

最暢銷的口味：黑魔粒生乳捲

黑魔粒口味推出後，在生乳捲一年九個新品推出的檔期中，是除了原味的口味外，賣得最好的口味。一般來說，新口味剛上市時，會是一個測市場水溫的階段，若反應良好，就會延長販售檔期，而黑魔粒可以連賣三個檔期，就可以知道它受歡迎的程度。

黑魔粒的巧克力奶霜原料來自法國國寶級的米歇爾天然可可粉，濃郁又獨特的乳霜滋味像霜淇淋般細細化口，再加上蛋糕體上面的巧克力豆，我想這些都是深深的吸引很多女性消費者喜好的原因！

聯名掀風潮：黑糖珍珠撞奶生乳捲

珍珠奶茶一直是台灣很有名的在地飲品，但是會想到找網紅合作，其實來自於我的孩子。為了想更了解他們的興趣，我開始關心他們都在YouTube上看哪些影片、平時關注的名人是哪些等等。

在這樣的關注和了解中，我覺得黃氏兄弟在質感和形象上都還不錯，對年輕孩子有一定的影響力，所以在這樣的想法下，衍生出雙方聯名合作的開頭。

黃氏兄弟很喜歡黑糖、珍珠的元素，因此當彼此達成合作的共識，我們就開始努力地去克服珍珠口感上的問題，前前後後花了至少一個月的時間，最後總算以黑糖珍珠麻糬來搭配關山黑糖和鮮奶油，而做出大受歡迎的黑糖珍珠撞奶生乳捲。

最特別的搭配：奶黃金沙生乳捲

這款算是目前所有生乳捲中，最特別的一種口味，在綿密的奶霜口感中帶有一點點鹹味！

因為這口味的內餡原料加入了鹹蛋黃，並做成類似流沙的口感，就像是港式飲茶中很有名的茶點流沙奶黃包一樣，一口咬下，內餡會有點流動又吃起來沙沙的口感。

最受時令影響：芒果生乳捲、草莓生乳捲

春天的草莓和夏天的芒果受到很多人的喜愛，為了有最好的品質，草莓季的時候，每天都有新鮮草莓直送到工廠。夏天時，我們便遠從屏東枋山的果園，訂購一簍又一簍的在叢愛文芒果。

只是水果不像果乾，不但容易出水，對新鮮的要求更高。因此每到這些時令水果的產季，工廠的師傅們就更要加快手腳，以免讓過熟的水果影響生乳捲的滋味。

研發時間最久：瑰蜜生乳捲

這款生乳捲不論吃起來或是看起來都非常的浪漫，因為一切開，裡面是片片的玫瑰花瓣，再加上結合了蜂蜜和玫瑰香氣的奶霜，完全是一款要讓女性消費者心動的產品，畢竟在甜點的市場中，主力消費群還是在女性。

不過這麼一款浪漫的生乳捲卻花費了我們最久的研發時間，期間除了遍詢最適合並可供食用的有機玫瑰花瓣，也不斷的重新調整製作內餡，希望能讓玫瑰花瓣的風味能盡量完整的表現出來，卻又能跟北海道奶霜完美的融合。總之，這浪漫的背後就是一個不斷調整又重來的研發過程。

大部分的生乳捲在蛋糕體上比較沒有任何的裝飾或原料，然而櫻花雙漩生乳捲卻將從日本進口的鹽漬櫻花，放在蛋糕體的表面烘烤，使櫻花像寶石一樣鑲在蛋糕的表面，至於內餡則是由覆盆子、櫻花餡與北海道奶霜融合而成。

這款生乳捲最特別的地方就是，內含的櫻花餡除了來自日本神奈川本地的八重櫻，以無農藥栽培外，更採用傳統鹽漬方法，將櫻花與鹽及梅子一起醃漬，擁有獨特天然的酸鹹風味。而且在製作蛋糕前，為了降低鹽分，必須在前一天將天然鹽漬櫻花浸泡在水中，讓花瓣盡情舒展盛開，在這「花開」的過程中，美麗而浪漫，在日本更是一種吉祥的象徵！

因此櫻花雙漩生乳捲不但外表看起來像甜點中的精品，更充滿了一種日式含蓄的特殊風味。

生乳捲風潮席捲全台，
追求深度而不是第一

受到消費者的關注後，沒多久，各大小甜點麵包店也都推出了
自己的生乳捲，一時間生乳捲成為最暢銷的甜點，幾乎沒有人
沒聽過生乳捲。

在我們這個行業，各種蛋糕或是產品的配方沒有所謂的專利，
不可能今天生乳捲是由亞尼克先研發出來，其他店家就不能生
產這項產品，或是同樣叫做生乳捲。

就像生乳捲最開始的蛋糕體配方也是從原料進口商那裡得知，
只是後續又經過了改良。但是你覺得別人就不會知道這些配方
嗎？當然不可能。

曾經有人問過我，那麼多家在做生乳捲，我不擔心配方外流或是有人照著一樣的食譜做出產品嗎？我前陣子看過一部關於法式料理的日劇，裡面有句台詞是這樣說的：「一樣的食譜，做起來卻是不一樣的味道，才是厲害的師傅。」這同樣也是我的想法，即便是用完全一樣的材料和配方，亞尼克的生乳捲就是有屬於自己的特色和味道。

事實上，這幾年來有不少部落客會購買各家的生乳捲加以評比，從價格、包裝、蛋糕體、鮮奶油、甜度等各面向一一的做出比較表，有的還會以一到五顆星來打分數。

不管哪一項，亞尼克的生乳捲在這些評比中，大都在四顆星左右，也就是對於消費者來說，可能覺得亞尼克的生乳捲只在中上的位置。

在以前，我會非常在意這種評比，並且希望能得到最好的五顆星，然而隨著年齡漸長，經歷也越來越多，就會覺得不是什麼都要追求最好，更何況每個人對於食物的感受本來就很主觀，怎麼可能要求每個人都滿意。

就像著名的美式咖啡連鎖店的咖啡，差不多也是在中上的評比，但只要說到咖啡，消費者直接聯想到的都是這個品牌，這就是這個品牌成功的地方。

二十年來的創業過程讓我了解到，要讓一個品牌在消費者心中有影響力，不見得一定要獲得最好的評價，而是要想辦法強化產品在這個領域的深度。而生乳捲便是我用來強化亞尼克在蛋糕這個領域中得到品牌認同度的關鍵產品。

亞尼克夢想村，
從青山綠地打造另一個夢想

亞尼克夢想村是另一種通路上的新嘗試，
當網路線上通路普遍後，
未來勢必還是會回到消費者的第一線接觸！
因此設立亞尼克夢想村也是希望能以不同樣貌的呈現，
讓消費者更了解亞尼克的產品和品牌。

在萬里海邊長大的我，雖然已經在台北生活多年，相對於都市的熱鬧繁華，還是比較喜歡大自然。對台北人來說，最接近的青山綠地應該就是陽明山，所以總是可以聽到別人說陽明山是台北人的後花園！

2013年在一次參加孩子的親師聚會時，有個老師提到陽明山山仔后的美軍宿舍群在招商，北市府發起的老房子運動，想要將那塊地方打造成如同松山文創園區、華山文創園區般，可以讓民眾們休閒假日時可以走走、看展覽的地方。

我和瑞文對於這樣的計畫覺得很有趣，而我本來就喜愛文創藝術類，亞尼克更是每年都有舉辦寫生比賽，若有機會在這個台北人的後花園開設一個據點，似乎也不是不可行，於是我和瑞文就找機會上山探訪這片宿舍群的環境。

費盡心思，
重現五〇年代的美國復古風

台北的美軍宿舍群其實有兩區，一區在天母，一區則在陽明山山仔后，兩區的差別在於天母的宿舍群比較散落，山仔后的部分不但較完整，而且多為高階軍官的宿舍，所以不但環境優美，房舍的設計也更有美國南方獨棟別墅的特色。

不但有寬闊的庭園，內部也有大小客廳以及不同的房型甚至後院的規劃！不過在1978年中美斷交後，這些宿舍就逐漸荒廢，後來由台灣銀行接管。

至於北市府想要邀請民間團體共同經營的宿舍群，就是在山仔后的區域，由於位於陽明山上，宿舍周邊滿是各類的台灣的原生種樹木，花草植栽更是豐富多樣，甚至被文化局列為文化景觀！

在走訪了幾次那裡的環境和了解整個宿舍群的歷史意義後，我和瑞文決定讓亞尼克在這綠意盎然的山上也有一個可跟消費者親近的據點。

不過，承租房舍雖然要提計畫案，但算是最簡單的事，接下來如何將這已經荒廢的房舍重新裝修，呈現五〇年代的美式氛圍，反倒是件大工程！

房舍外的整理和營造也是項大工程，不但雜草長得比那些房舍還高，很多的管線和路徑也都已被野草掩蓋！加上房舍已經年久失修，在不影響主結構的狀況下，幾乎要全部重新裝修。

不過為了更貼近當時的室內特色，設計團隊到處探詢當時負責這些工程的單位，期待能夠有跟當時最相近的設計，不論是擺設、裝修的材料、工法等。

雖然時間相隔五、六十年，但我還真的找到了當時鋪設地板的老師傅。由於這些地板屬於柚木材質，拼接的圖樣又是那個時代的流行樣

式，所以除了特別找來老師傅與他的兒子負責修補、鋪設地板，重現過往痕跡外，也在他的協助下，找到適合的廠商施作其他的工程。

除此之外，像是美國家家戶戶室內都有的壁爐、美軍在台期間的消遣娛樂撞球桌，還有復古的設計和擺設，我都請設計師一一的呈現出來！

終於，歷經提案、整修等一連串過程，亞尼克夢想村一號店在2014年的8月開幕，一間有著濃濃的美式復古風的咖啡館。而在同年的11月，亞尼克夢想村二號店也開幕了，相較於一號店的美式復古風，二號店則以亞尼克原本活潑的基調呈現，在紅白相間的設計下，加入親子同樂的元素，增設了DIY教室，希望能讓消費者來山上賞遊的同時，可以有親子共享、共玩的機會。

讓夢想能夠越走越遠，
強化品牌的力量

亞尼克夢想村是另一種通路上的新嘗試，因為前幾年的試煉和經歷讓我知道，通路的快速變化會影響消費者對產品的熟悉度和認可。

當生乳捲經由網路團購通路造成很大的迴響時，我已經想到當網路線上通路普遍後，未來勢必還是會回到消費者的第一線接觸！因此設立亞尼克夢想村也是希望能以不同樣貌的呈現，讓消費者更了解亞尼克的產品和品牌。

為了營造出甜點村落的整體感，在開始規劃夢想村時，我其實承租了五、六間的房舍，希望真正打造出一個夢想村！只是當一號店、二號店逐步開幕，受到大家的喜愛後，卻慢慢發現了一個嚴重問題——交通問題！

由於夢想村的交通並不是很方便，都要搭公車再走路才能到達！若想要自己開車前往，假日時會遇到交通管制，就算上了山，又可能遇到沒有停車位的狀況。

政府相關部門雖然企圖想要將那裡打造成如文創園區的場地，卻沒有相對應的政策和規劃。因此經過通盤的考量後，我退租了另外三、四間宿舍，全力經營一號店和二號店。

為了讓夢想村一號店的產品可以更符合店內的氛圍和情境，我將原本在店內販售的亞尼克切片蛋糕產品，調整為派塔專門店！因為在美國，派塔是家家戶戶都會拿到壁爐烘烤的甜點，每每有活動或是節慶時，美國主婦們就會親手做各種派塔、從壁爐中拿出特製的派塔給大家享用，是一種歡聚，也是一種分享的概念。

除了產品上的區隔外，陽明山的夢想村也常會舉辦一些親子活動，特別是配合各種的美國節慶，例如聖誕節、萬聖節等。這些產品與活動的氣氛營造，突顯了亞尼克夢想村的形象，有別於亞尼克原來的品牌形象設定。

因此今年我特別將亞尼克夢想村的品牌獨立出來，成為亞尼克的副品牌，一個結合自然、手作、懷舊意象的派塔專賣店，在陽明山和板橋的門市之外，又在新開幕的大遠百信義店設專櫃，希望亞尼克夢想村可以接觸更多的客群，未來能成為消費者購買派塔產品時的首選。

$\mathcal{P}art\ 3$

拾級而上，創造更多的價值

勇於嘗試，讓亞尼克總能創造話題，寫生比賽、網紅聯名與
異業結合，吳宗恩總能有很多的點子，YTM 蛋糕販賣機更讓
消費者有不一樣的購買管道。從蛋糕師傅到企業領導者，吳
宗恩希望亞尼克能夠持續進化為百年品牌！

在品牌打造的路上，
慢慢了解管理的真義

從不信任到信任，

這樣的過程讓我體會到當公司不斷的成長，

主事者的心胸和眼界也要跟著變大，

才能把組織帶到更寬廣的高度，

否則只會原地踏步，難以突破瓶頸。

如果你問我當老闆開心還是當師傅開心，我會毫不猶豫的回答，「當師傅開心。」

回想起自己年輕時候在廚房做蛋糕的日子，單純又無憂，不像當了老闆以後，不再是自給自足就夠了，到現在還要承擔四百多位員工的生計。

不過，既然走上創業這條路，就只能一步步地往前走，讓自己和同事們都能越來越好。因此在這二十年來的過程中，我也不斷的從中學習如何當一個稱職的管理者。

從不信任到信任，
讓自己有喘息的空間

有些創業者在當老闆時，對於做老闆這件事可能已經有了一些概念，他們或許會從周遭的親友身上學習，也或許自己所學本來就跟經營管理有關，又或者是上過一些跟管理有關的課程。

從廚房創業時，我哪懂得什麼管理，小小的廚房就是我和助手，把產品和品質顧好就對了。因此當我打算從廚房搬到瑪鋉路上並開一間外帶店時，我一向很倚重的助手無預警的離開，不但讓我非常驚訝，也打擊了我對旁人的信任感。因為這樣的經歷讓我從那時候開始，對於工作的夥伴不再有信任感，對很多事情的決定也容易遲疑不決。

因此在創業初期，當亞尼克在短時間因為媒體的報導而爆紅，每天的訂單應接不暇，員工人數也擴增一倍時，我即便每天忙於開發著一個又一個的新產品，同時又要兼顧店內的正常營運，但不敢放手的我還是事必躬親，每件事都要經過我的認可和同意。

那段時間我像個一直轉不停的陀螺，雖然很想要停下喘口氣，可是之前的經驗讓我不敢信任人，深怕自己又被騙了，搞得措手不及。這狀況造成後來當瑞文辭掉工作來幫我忙時，也同樣的陷入這種水深火熱中，每天早上七點半開始營業，一直到晚上十點半打烊、把保全開啟，我們兩個才真正休息。

這樣的狀況對於當時正要起步的亞尼克來說其實是個隱憂，因為沒有人思考亞尼克的未來要怎麼走，一個朋友看出了這個大問題，便極力鼓吹我去上一個課程。原本根本沒興趣的我在抵不過他的好意下，只好勉為其難地參加了。

那是一個為期五天、以培養訓練美國陸戰部隊軍官信任度的課程。在這課程中，講師一下透過活動和訓練讓我們認識並了解自己，同時也培養我們和隊友間的向心力和信任感。

說也奇怪，那五天的課程不但讓我做了遲遲未下的決定，就是另外租下一間辦公室，讓辦公空間和門市有所區隔，把行政管理權交給各單位的小主管，而且還破天荒的跟大家公告，「從今天開始，每周一就是我和老闆娘的公休日，店內就靠你們了。」

這樣的改變讓我和瑞文都有了喘息的空間，也才有機會思考該如何讓亞尼克成為一個企業，而不只是一間蛋糕店。

從不信任到信任，這樣的過程讓我體會到當公司不斷的成長，主事者的心胸和眼界也要跟著變大，才能把組織帶到更寬廣的高度，否則只會原地踏步，難以突破瓶頸。

不只要信任，
還要敢放手

從一個人、兩個人，到幾十個人、上百人，亞尼克的發展隨著
營業額的增加、產品線的增加等因素，成為一個越來越有組織
的企業，不但有行政部、行銷部、還有品管部、總務部等不同
的部門。

不過即便已經是一個上百人的企業，在生乳捲突破每個月六萬
條前，我最常待的地方卻還是工廠。在安娜可可藝術坊的那幾
年，我不是在前往觀摩巧克力製作的路上，就是在工廠中研發
巧克力。即便不做巧克力時，不論是蛋糕或是馬卡龍，我都一
直執著得守著工廠的生產線和研發產品，不但參與研發製作還
親自一起製作。

有陣子，工廠的師傅都很怕我，也不怎麼敢跟我說話，後來我請了一個廠長管理工廠，發現我以為他每天沒有做什麼事，後來要離職時，同事們都很捨不得，才發現自己無形中給師傅很大的壓力。

但或許是因為不放心，即便慢慢的鬆手，我還是每天都會到工廠幫忙，更別說當生乳捲熱銷、工廠師傅趕不及生產時，我更是一直待在生產端。不過這個情況在我許諾每個人六萬元獎金並確實實行後，有了改變。

到底是怎麼樣的改變呢？那就要提到在我發出每個人六萬元的獎金後隔天，當我到達辦公室後，工廠的師傅跑來找我，跟我說「董事長，你什麼時候過來做生乳捲，大家都在等你？」

那時我才感受到，當把資源和獎金都發給大家後，為什麼我還是一樣做這麼多事！我在乎的不在於幫不幫忙這件事，而是在於當時我突然覺得亞尼克的組織中有太多「角色不分」的狀況。

那時只要趕出貨，不論是哪個部門，全公司的人都會幫忙，像是分裝、打包等等的工作，說得好聽是公司很有人情味，歡樂一家親，但仔細想想，這會造成每個人都不是各司其職。

例如業務每天跑去開拓客源，結果回來還要幫忙包蛋糕，怎麼樣想起來都很不合理。長久下去，原本努力的人就會不想再努力，因為要做更多事，而不努力的人就會更怠惰，反正都會有人幫忙做，到頭來反而害了企業的發展。

因為這樣的體認，從那天起，我讓自己以身作則，不再進工廠幫忙，不過會參與研發，畢竟這是我最有興趣也擅長的事情，可是執行面則完全交由工廠的師傅，不再跟以前一樣，總是穿著工作服說要去做蛋糕。

也從那刻起，我才真正的放手，讓自己成為一個真正的管理者，並將以前凡事「以我為主、我說了算」、皇帝制的行事作風，改為以正常的企業流程與體制，例如抓預算、以內部討論決定的模式來決定後續。雖然這番體認花費了十幾年的時間才獲得，但對亞尼克和我來說，是非常重要的一大步。

從認真為起點，
造就企業的核心

在產品的原物料成本上，

為了新鮮、品質好，我從來都不手軟，

所以亞尼克的直接材料成本都高達四成，

這若是在一個以利潤為導向的企業

是做不到的，

因為成本太高、利潤太低。

在滑臉書、看網路上各種資訊和消息時，我很喜歡做心理測驗的遊戲，不管是真是假、說得準不準，總是可以參考一下，當成我跟人家聊天時的話題。

在那麼多心理遊戲中，讓我印象最深的一個就是關於玫瑰花的心理測驗。內容大概是這樣的：若是給你一百朵玫瑰花裝飾一塊布，你會想用幾朵來裝飾？我的答案是一百朵全部用上。
這代表了什麼？

解析上表示選這個答案的人，對什麼事情都全心全意，不論人事物。談戀愛時就非常投入，以牽手一輩子為目的；若是創業，就拚盡全力去做，不論後果。

全心投入，
以虔誠的心態對待產品

創業初期，在工廠忙碌之餘，有時我也會在門市幫忙。有次有個客人來買蛋糕，要求我在蛋糕上多加一點鮮奶油。我幫他加了一些上去後，他又要求再多加一些。他的要求讓我覺得很奇怪，雖然我知道亞尼克的鮮奶油很好吃，但再加下去就要跟蛋糕一樣厚了，這樣會好吃嗎？身為亞尼克的主廚兼老闆，我當然要問清楚這樣一直加奶油的原因在哪裡，免得拿出店後被消費者抱怨鮮奶油和蛋糕體的比例完全不對。

沒想到對方竟然說是要拿去朋友的派對玩遊戲、砸人，當下我聽到很不高興，就表示不賣了。那位消費者也一副「送上門的生意還不要」的樣子，不高興的離開了。後來同事跟我說何必這樣得罪客人，他買了蛋糕要怎麼運用是對方的事，我管這麼多幹什麼。

但是對我來說，這蛋糕是工廠的師傅們辛苦做出來的，卻被拿去當遊戲的道具，暫且不管浪不浪費，光是對這蛋糕的心態，就難以讓我接受。大家辛苦研發好吃的產品，是為了讓吃的人開心，感受到我們的用心，而不是拿來糟蹋的。

不少人曾跟我說，「我本來都不敢吃鮮奶油耶，但吃了你們的生乳捲後卻愛上了鮮奶油。」為什麼消費者會覺得亞尼克的蛋糕好吃，生乳捲的鮮奶油好吃又不膩。

那是因為我們的鮮奶油是由乳源來自於純淨的北海道所研發而成的鮮奶霜，這比法國鮮奶油還貴兩倍以上。在產品的原料預算上，為了新鮮、品質好，亞尼克的直接材料成本都高達四成，這若是在一個以利潤為導向的企業是做不到的，因為成本太高、利潤太低。

我可以很自豪的說，亞尼克的產品不論是否叫好又叫座，但絕對能夠掛保證的是，這些產品的原料絕對是最精挑細選又有品質保證的。

例如我們拿來做蛋糕的麵粉，全都是日本進口的昭和蛋糕專用麵粉、巧克力都是法國或比利時進口，蛋糕使用的鮮奶油也是來自法國或是北海道，視產品的口感要求決定。我以這樣嚴謹的品管挑選製作要送到客人面前的產品，又怎麼能忍受看到消費者對於產品的輕忽對待呢！

這些對於產品上的要求是我從創業以來就斤斤計較的，因為我覺得消費者的味蕾是很敏感的，一旦東西不好吃，想要再贏回他們的心就難上加難了，所以一定要把產品放在前面，利潤放後面，才能在顧客心中有最好的印象。

最優質的原物料，
才有最好的產品

為了有最穩定的供貨來源和品質，我是那種會為了有一杯新鮮
牛奶而去買一頭牛的個性。由於生乳捲的製作需要大量的鮮奶
油，因此在找到適合的北海道乳源後，我就積極的跟日本廠商
開會討論。不過日本對於合作品牌相當的謹慎，在討論合作
時，他們不但仔細了解亞尼克這個品牌，甚至花了很多功夫了
解台灣的口味喜好。

在相互的腦力激盪與研發下，才開發出北海道奶霜。它是一種
調和型的鮮奶油，結合了動物性鮮奶油與植物性鮮奶油各自的
優點，乳脂含量較低，有別於其他市場上的鮮奶油。此外，亞
尼克的使用量更讓日本人覺得非常神奇，因為他們的出口量幾
乎被我們全包了。

從創業以來我，我一直秉持著「要做吃的就不要怕客人吃，就算原物料成本貴，也要捨得」我的想法是，掌握住這個原則，產品其實不會差到哪裡。就像生鮮蔬果，只要新鮮，不需要什麼調味料就可以很好吃。

除了鮮奶的龐大進貨量外，其他如草莓、芒果、芋頭等食材，我是以產區直送的方式跟農場、果園配合，確保品質的穩定。

因此當前幾年食安問題嚴重，我們的營業額反而有增無減，就是因為我們不但從物料取得的源頭就精挑細選，就連生產的過程也隨時有品管部的把關和稽查。我希望在這層層的把關下，消費者能安心又開心的享用亞尼克的每一樣產品。

甚至前兩年我還萌生出契作蛋場的想法，因為雞蛋是做蛋糕不可少的原料，每個月我們需要用到的雞蛋數量多達一天多達一萬五千顆。

因此我想到是否需要找一個養雞場，專門負責生產亞尼克需要的蛋，我甚至連雞飼料的配方都找好了，希望在良好的飼養環境和照顧下，雞蛋有最好的品質。

不過就在打算執行這項計畫時，朋友的一句，「那如果你的養雞場出現禽流感的問題，你的雞蛋不就都不能用，反而會面臨缺蛋的問題！」

朋友的警告給我當頭棒喝，「對啊，我怎麼沒想到這麼大的一個問題！原本想要有專屬的雞蛋場就是希望能有穩定又優良的蛋源，但若會有缺蛋的隱憂，不是反而自找麻煩嗎！」我才因此打消這個念頭。

糕點名店林立，
新聞和話題造成的無形影響

產品顧好了，消費者買單了，

但要在市場中佔有一席之地，其實沒有那麼簡單。

不過到現在我還覺得自己很幸運的是，

剛開始從萬里瑪鍊路設置店面時，

能因為一些原本無心的想法和做法，

意外地造成了媒體的效應，也才有了後來的買氣。

不經意的決定，
意外造成的話題

這幾年很流行所謂的開放式廚房，就是在餐廳中有一個可以讓消費者清楚看見師傅作業的廚房，但早在十幾年前，亞尼克從萬里起家時，就已經有了這樣的設計。不過那並不是特別設計，只是因為覺得沒必要把好好的大片玻璃打破在重新砌牆重建。

事實上，萬里創始店的中央廚房前身，原本是一間當鋪。可能是為了交易安全，或是為了讓外面看得見裡面不是什麼地下錢莊等龍蛇雜處的地方，讓顧客可以安心交易，很多當鋪好像都有一道或大或小的玻璃牆，有的是有點半透明，有的則是全透明。

當我租下這間店面時，面對著馬路的這面就有著一個大半面的透明玻璃，原本想要把玻璃打掉，另外設計一面牆，但後來想想這樣實在有點浪費又可惜，想說反正也沒有什麼要怕人家看到的，透明的牆面剛好能夠清楚看到裡面的作業，也多些安心，沒什麼不好，因此後來就把這片玻璃牆留下來。

沒想到就這樣很簡單的一個想法，成了亞尼克當時的另一個特點和話題。那時媒體除了大肆宣傳在萬里這條沒啥人煙的路上，竟然有一間吃了一口就忘不掉的蛋糕名店外，就是我竟然讓廚房內的作業如此透明的呈現在所有的客人眼前。

現在看來或許不是什麼稀奇事，但在近二十年前，這樣的經營模式卻是很特別的，就像現在很多觀光工廠的概念一樣，你在玻璃窗外所看到師傅正在製作的東西，就是你桌上的甜點佳餚。

用人唯才，
不在意過去和經歷

在亞尼克，我用人的第一標準就在於進取心，雖然現在的亞尼克已經是數百人的中小企業，除了主管外，其他的員工大都不需要經過我的面試，但這個用人的核心思想是一直以來的用人標準。事實上，亞尼克初期創業，我也都是以這點聘僱一起工作的員工。

在早期，當公司體制還沒發展成現今的八大部門時，公司最主要的工作人員就是工廠裡的師傅、學徒。在我們這個行業是很辛苦的，不但工時長，工作環境也不是很理想，不是太冷，就是太熱。因此我的態度就是，「你肯學，我就肯教。」

有陣子很巧的來了幾個中輟生當學徒，他們有的是國中剛畢業就不想升學，有的是連國中都還沒畢業就開始工作。

事實上，在亞尼克的員工中，有這些很年輕的孩子，也有一些曾經開過店的老闆，甚至還曾有遠從新竹而來的，對於這些想要跟我學習的人，我的態度就是「我給你一個機會，但你能不能珍惜，就看你自己了。」

我最怕的就是對蛋糕烘焙充滿過度的幻想，以為穿著純白的廚師服、做著美妙誘人的甜點，就像日劇一樣。這樣的人通常做沒多久就會撐不下去，能夠持續下去的，通常是那些很實際地表明要學習一技之長，希望有穩定的經濟收入的人。

不過，我在僱用他們時，心裡其實並沒有額外的想法，只是單純的因為他們需要一技之長、一份工作，而我剛好也需要人手幫忙，沒有什麼理由拒絕。

不過沒想到的是，這樣一個簡單的想法，卻被當時的媒體以
「中輟生之家」的概念來宣傳，還說我為了不讓中輟生誤入歧
途，特別雇用他們當我的員工。

對於這樣一個「善意的誤解」，雖然完全不在我的規劃中，卻
不可否認的對亞尼克的初期發展有很重要的影響，也因為當時
的媒體效應，亞尼克也才有後來的快速發展。

很幸運的是，在根本不知道怎麼行銷、什麼是媒體效應時，亞
尼克剛好因為這些不經意的作法而造成話題。當然，要能延續
媒體效應造成的買氣，就必須靠真材實料的產品了！若只是光
有話題卻沒有顧好產品，那我想即便機會送到眼前，熱潮也只
會像曇花一現，沒過幾年就全部崩跌。

有ATM為何不能有YTM！
打造AI商店的第一步

亞尼克的蛋糕販賣機稱為YTM，
跟自動提款機ATM雷同的概念，
想要買生乳捲的人不一定要到
亞尼克的專櫃或門市，也不需要排隊，
在YTM就可以很方便的買到。

藉著生乳捲的熱銷，亞尼克從實體門市跨到電商、超商的合作，並結合實體門市大量拓點的計畫，讓線上線下的消費者都可以藉由不同的管道接觸到亞尼克的產品。

目前生乳捲的銷量已經累積到八百三十多萬條，但是對於讓全台灣兩千三百萬人都吃過生乳捲的目標還有相當大的努力空間。為了這個願景，我一直在思考該如何讓更多人可以接觸到生乳捲、知道生乳捲，因此不管是網路的宣傳關鍵字、全省門市布局或專櫃的設立、跟網紅、YouTuber創作者和部落客的合作，或是在各節慶活動推出各種活動，都希望能擴大生乳捲的接觸面。

2018年時，在因緣際會下，我參與與台北捷運局的一個標案，在台北捷運的五十四個點設立蛋糕販賣機，販售或提領生乳捲。

真正的虛實整合，
將生乳捲的觸擊率推到最大

所謂的YTM蛋糕販賣機的概念就像銀行的自動提款機一樣，想要領錢時，不需要經過行員或是在銀行排著冗長的隊伍，只要在機器前按著幾個鍵就可以領到錢。

因此，亞尼克的蛋糕販賣機稱為YTM，跟自動提款機ATM雷同的概念，希望想要買生乳捲的人不一定要到亞尼克的專櫃或門市，也不需要排隊，在YTM蛋糕販賣機很方便的就可以買到。

我會有這樣的想法和行動，其實來自三方面。第一點的考量就是，從2017年開始，亞尼克就陸續增加門市和專櫃，但是一個實體點的籌備其實很繁複，除了地點租金的考量，還有硬體的設備，以及門市人員的招募和培訓。

當然實體門市人員跟消費者的互動接觸，絕對不能被冰冷的機器取代，但機器的設立若能跟實體門市相輔相成，對於品牌的推廣和產品的普及，絕對有很大的助益。加上YTM的設立是在台北捷運內，對於消費者而言是個更方便的販售點。

第二點的考量則是因為生乳捲，為了讓生乳捲的銷量可以更往上提升，我將YTM視為除了網路和實體門市的另一個主要販售通路，因此目前YTM雖名為蛋糕販賣機，其實只有販售生乳捲，除了因為行銷面的考量，也由於YTM中的機器手臂規格是固定的，只限於同一種的包裝蛋糕尺寸，因此目前只能以販售生乳捲為先。

日後也許可以更新設備，讓機器手臂能有不同的規格選擇，到時消費者就可以在YTM中買到更多種類的亞尼克產品，而不是只有生乳捲。

至於第三點會讓我想要投資這種無人店面的機器設備，其實早在於亞尼克早期創業造成搶購風潮時，腦海中就曾經有過這個念頭。那時因為購買人潮多到不時需要警察出面，維持瑪鍊路上造成的交通壅塞，門市人員更常因為消費者買不到蛋糕而被責怪罵哭。當時我就在心裡想，「若是賣蛋糕也有像自動販賣機那樣的機器就好了！至少不需要讓門市的同事們遭受客戶無端的怒氣。」

沒想到科技的發展真的是難以想像，十幾年後的今天，無人商店越來越流行，而蛋糕也有了可以自動提領的機器。我想，未來連店員都是虛擬化的無人商店，應該也不久就可以實現了。

亞尼克。味蕾的幸福：從切片蛋糕到生乳捲的20年品牌之路

從丟掉開始的成功，
產品新鮮度的考驗

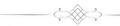

常有朋友或是消費者有疑問，「如果蛋糕、生乳捲這些效期很短的產品沒賣掉，怎麼辦？」我知道有些店家會將當天沒賣完的蛋糕、麵包，轉送給一些育幼院、教養院等，但從亞尼克有門市店面開始，只要是沒賣完的產品，我都是以報廢處理。

不同於代工批發的市場，是先有訂單再製作，門市經營一定必須先有產品的陳列、才能吸引客戶的購買。因此在剛開始從代工批發轉到門市經營時，因為沒有人知道亞尼克，所以每天都要丟掉很多沒賣出去的蛋糕。剛開始我也覺得捨不得，但是一想到要給客人最好、最新鮮的創業初衷與品牌核心，還是必須狠下心執行。

而且當初我就是看不慣有些咖啡店將已過賞味期的蛋糕賣給客人，徒費我堅持以更昂貴卻更好的材料做蛋糕給客人的心意，才想要踏出舒適圈做出自己的品牌，在這樣的思維下，我只能更嚴格的要求自己的產品。

這樣對自我的要求，在YTM這個新通路的嘗試上一樣要實踐，加上生乳捲最好吃的重點就在於新鮮，當YTM的販售產品是這樣一個對新鮮度要求很高的物件時，該如何抓緊它的賞味期販售，就是對亞尼克的一大考驗。

因為這代表台北捷運站的五十四個YTM機器中的生乳捲，不但要有跟在別的通路一樣的新鮮度，另一方面，若沒販售完，就必須全部銷毀，無形中增加的報廢成本其實非常可觀。

其實從2018年設置YTM以來，很多方面都還在不斷的精進並調整，同時也藉由在販賣機旁舉辦一些試吃活動，讓消費者知道如何操作機器。

經過調查發現，只要有辦試吃活動，當天YTM的銷售量就會提升兩成，甚至有不少消費者表示，有時即便想要在YTM購買，但因為擔心操作錯誤，造成旁人的側目和尷尬，只好作罷。

因此我認為無人機台絕對是個有可為的市場，只是要將YTM的概念和操作方法推廣給更多人知道，拉近和消費者的距離，讓更多的人能透過YTM購買生乳捲，才能提升實際的銷售量。

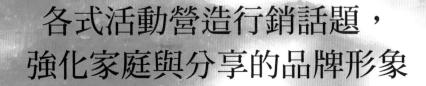

各式活動營造行銷話題，
強化家庭與分享的品牌形象

調查發現，

在原本以女性消費族群為主的亞尼克產品，

在YTM的購買者中，

介於十八歲到四十歲左右的男性消費群

卻占了可觀的比例。

為了讓亞尼克在市場的曝光不落人後，我們的行銷部門從最開始的一、兩個人到今天的十幾個人的大部門，人員包括了行銷與公關、媒體採買與社群經營以及視覺設計等。

碰到一些大型活動或是節慶日時，還會另外找公關公司或行銷公司做搭配。例如生乳捲剛開始創造的團購熱潮，也另外搭配了網路行銷公司的顧問協助，才能在一開始就有很好的效益。

這些在行銷面上的努力和強化，都因為在現今網路時代發達的今天，不論線上線下都有非常多的競爭對手，如果亞尼克一開始的媒體熱潮是因為不經意的機緣，那接下來要想要延續大家的關注度、拉近跟消費者的距離，就必須靠自己努力了。

延續對藝術的支持與愛好，加上家庭的向心力

從小我雖然對念書沒興趣，卻很喜歡美術，甚至想過上美術班。因此從萬里創業並開設內用的咖啡廳後，為了讓在咖啡廳消費的客戶有不同的感受，我不定期就會跟一些藝術工作者配合，將他們的作品放在店內展示。

一方面讓這些藝術家的作品有更多被看見的機會，一方面也讓店內提升氣質和視覺上的美感。

後來，國中時期的美術老師建議我，可以把萬里國中美術實驗班學生的作品展示在店內的牆壁，除了能讓萬里的在地居民對亞尼克更有認同感，也可以讓這些小朋友的作品有展示空間，增加自信心。

之後，當我將中央廚房從萬里搬遷到內湖後，除了仍有不定期的藝術家作品展示外，每年暑假都會舉辦寫生比賽，近幾年更因為倡導親子陪伴結合亞尼克「愛與分享」的概念，規模越來越大，並搭配親子野餐的方式，在大安森林公園舉辦，每次會動用公司上百名員工，才能顧及龐大的參加者。

以2019年來看，有將近五千個家庭共同參與，所有的報名和活動都免費，我們本著公益與回饋的想法，希望能夠藉由這個活動增進家庭親子間的緊密關係，參加比賽的唯一條件便是每組都要由家庭成員一起報名，而不能由學校或安親班報名。

每次的活動除了寫生比賽、親子野餐以外，更安排了闖關或攤位遊戲和舞台表演的活動。我們會邀請目前當紅、受到小朋友喜愛的哥哥姊姊來帶著小朋友一起帶動唱。這幾年甚至還有一些親子出版社或是幼教類產品的單位一起加入，讓活動越來越豐富有趣。

YTM創造新話題，
打造不一樣的異業結盟

除了固定的年度活動創造能見度，一些不同於業界的舉措也吸引了不少關注。例如當YTM推出，便造成了很多的報導。業界的人覺得「吳宗恩又要做些不一樣的事了，看他到底要搞什麼。」消費者則是突然發現，怎麼有些捷運出口附近有一個看起來很像貨櫃車的機台，不知道是要幹什麼，有的人還以為是不是捷運站又有新的設施。

事實上，在YTM五十四個布點中，有部分是接收之前快取寶的位置。在推出YTM的時候，很多人都覺得我難道沒有看到快取寶的失敗嗎？而且快取寶還只是讓消費者可以有一個方便取貨的地點，讓一些想在家自己煮食，又不想花費太大工夫的人，可以就近在捷運領取訂購的冷藏食物回去烹調，這樣一個以便利為概念，看來又合邏輯的商品都失敗了，YTM要如何經營呢？

然而在我決定以YTM為推廣生乳捲另一種通路嘗試時，除了著眼於便利的概念，其中一個因素也在於行銷宣傳面的極大化。

若是以團購宅配或是超商取貨的方式購買，除了一次要購買數量龐大的產品，也有等候宅配時間的問題。假設亞尼克對消費者有一定的吸引力，但卻可能因為產品不夠容易取得，而造成他們沒有產生消費購買的意願。YTM的設置就是試圖解決這一個問題的其中一個方法，即便不在門市購買，也可以馬上拿到生乳捲，讓消費者在捷運站看到時，一旦想要購買，就可以馬上付諸行動，刺激衝動購買動機。

當然，YTM希望跨到不同消費群，而不是瓜分原來的通路市場，在這樣的概念下，除了在常態性的生乳捲口味中挑選最暢銷的品項，例如原味，另外還會因應季節或是一些聯名活動而有些特別口味，並成為YTM的品項之一。

這些特別口味因為有時會跟一些部落客或是YouTuber聯名，藉由這些名人的加持，也能增加YTM和亞尼克的曝光率。

例如前陣子因為萬聖節活動，跟知名YouTuber黃氏兄弟合作的黑糖珍珠撞奶生乳捲，就是由黃氏兄弟提出想法，再經由研發部特別去研究調整而成。另外，這次二十週年紀念，我們也跟很受年輕朋友喜愛的HOWFUN合作，推出焦糖布丁生乳捲。

其實為了了解YTM的消費者取向，我們曾特別請了市調公司做了關於消費者的調查發現，原本以女性消費族群為主，但在YTM的購買者中，介於十八歲到四十歲左右的男性消費群卻占有可觀的比例，YTM成功吸引了一些不一樣的消費族群。

這樣的發現讓我們除了針對這個消費族群研發口味外，也跟一些線上遊戲公司合作，將機台的外在形象以線上遊戲包裝，增加這一群消費者的認同度。

未來更希望能跟遊戲公司有更多的結合，不論是遊戲卡的搭配或是機台外觀的設計、設定人物的限定口味等，讓更多有趣的行銷規劃可以在YTM上呈現。

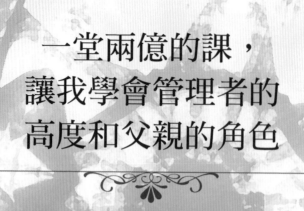

一堂兩億的課，
讓我學會管理者的
高度和父親的角色

跳脫原先管理者身兼執行者的工作模式，

讓我更能掌握並思考公司整體的

發展策略與該有的正常體制，

並帶領主管各司其職，

朝向規畫的產品線與通路方向發展。

因為想要拓展多元的產品線及品牌來提高營業額，忘記當初最開始創辦亞尼克時，做出「最好吃的蛋糕」的初衷，反而讓亞尼克慘賠了兩億。

不過也因為這兩億的教訓，除了讓我找回當初想讓亞尼克成為蛋糕代名詞的願景，也讓我重新省視管理者該有的視野，另一方面，更因為在工作職掌上的調整，讓我也思考自己與家人間的關係和相處。

脫下工作服，
爲永續發展做更多規劃

離開日日跟工廠為伍的日子，剛開始雖然不習慣，卻是必要的一步。就像唐三藏到西方取經，他需要孫悟空的幫助，卻不能讓自己成為孫悟空，什麼事情都自己打理，而是把方向定好、策略想好，遇到事情時決定該如何走下一步，如果他自己斬妖除魔，何必還要需要孫悟空呢！

這道理像人體的構造和運行模式，大腦會傳出指令給手、腳和各器官，然後由各器官去執行相對應的動作和回覆，而不是像變形蟲這種單細胞生物，從傳遞命令到執行都是同樣的結構。

體會到自己該有個高度、該關注的重點後，很多事情似乎變得清楚明瞭、更有進展了。首先，為了加快生乳捲的製作速度和品質的穩定度，我特別從日本進口專門做生乳捲的隧道爐，不但將生乳捲的製作速度提升一倍，也減低不良品的比重。

在購買之前，由於有兩個廠牌都有專門的機器，為了確認哪台機器最適合我們的生乳捲，我帶著研發部的主管一起去日本，實際操作機器，為了最接近實際的生產狀況，我甚至把生乳捲專用的麵粉等材料都一起帶去，就是為了盡量減低可能發生的誤差狀況。

當我計畫這樣大費周章的帶著研發主管去日本試機器時，很多人覺得沒有必要，我卻認為一筆這麼大的投資若不先實際操作，即便廠商會有後續的品管和處理，到時仍有可能又要花費時間在試機器上，還不如先把一切都確認好，也可以省下日後機器運回台灣，熟悉機器可能要花費的時間和精神。除此之外，因為跳脫原先管理者身兼執行者的工作模式，讓我更能掌握並思考公司該有的正常體制，例如每年的行銷預算規劃、每

年年度的營運計劃方向、工廠設備的汰舊換新預算等，這些原本就是一間企業該有的規劃，在我正視自己的角色並改變前，都是有制度的存在卻沒有切實的執行。

還有像是ERP系統的建制，雖然剛搬遷到內湖時就已有設計，卻一直沒有認真執行，只有會計方面比較常用到，到前幾年開始要求連同研發部、行政部等其他部門都要做好線上登錄，才慢慢的讓這個步驟成為一種SOP，也是因為這樣的改變，讓亞尼克的研發部門保有數以千計的各種產品配方，光是一個起司蛋糕，我就可以從系統中調出三十幾種的食譜。

回歸家庭，
跟家人有更多的互動與連結

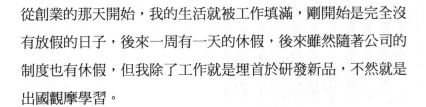

從創業的那天開始，我的生活就被工作填滿，剛開始是完全沒有放假的日子，後來一周有一天的休假，後來雖然隨著公司的制度也有休假，但我除了工作就是埋首於研發新品，不然就是出國觀摩學習。

結婚後，老大、老二相繼出生，雖然我也會偶爾趁著假日參與他們學校的活動，或是帶他們出去走走，但大部分時候都是我的太太陪他們並接送他們上下學。

釐清管理者該做的事以後，我總算不再一天到晚的在工廠做蛋糕或研發，多出不少能夠跟家人相處時間。

後來老三出生，不像在老大、老二的成長期，我總是忙於工作已經有所改變的我，在老三的成長過程中成了重要的角色，每天我一定準時五點離開公司，就是為了要去接現在還是幼稚園的老三。每天早上，也都是我帶著他上學。這樣子的親子關係是以前忙於工作的我，無法體會的。

以前我總是覺得，身為父親的我，最重要的就是努力賺錢就好，其他的都不重要。沒有體會到孩子的成長最需要的其實是陪伴，再多的物質也比不上親子關係的緊密。

在這樣的想法下，前年我才帶著全家第一次出國旅行，從旁人聽來可能覺得很誇張，但之前我對工作的執念與放不下，的確影響了家人間的相處和關係！

幸好的是，已年屆五十的我，在慢慢的摸索中還是悟出了該掌握的和該放手的，我想就如同孔子說，「五十而知天命」吧！現在我的周休二日一定是屬於家人的，我們會全家人一起吃飯、一起出去逛街買衣服，或者什麼都不做，全都待在家各自做著自己的事，但都會是在一起的。

有時若公司真有活動或是採訪等安排，我就會帶著他們一起行動，一方面讓他們知道我都在忙些什麼，一方面也能夠提醒自己要盡快結束工作陪伴他們。

從「為什麼」開始，
延續下一階段的美好

如果問我想要給創業者什麼樣的建議，我覺得有三點很重要，第一點就是好奇心。第二點則是想到了就要做。第三點就是讓良善的事物產生漣漪效應。

讓「為什麼」成為前進的起步

我是個很喜歡問「為什麼」的人，因為覺得自己的反應不是很快，所以很喜歡傾聽人家說話，當人家問我意見時，我通常不會馬上給答案，而要經過一些沉澱，想想其中有沒有什麼值得思考的地方。每當遇到一些想不通的問題，我便會提出很多的為什麼來發問，試圖從中找到答案。

事實上，亞尼克的很多策略與決定就是從這些「為什麼」發展而來。例如十幾年前電商開始崛起時，亞尼克也架設官網與線

上商城，但一直沒有很好的成績，於是我便想「為什麼別人做電商會成功？」、「為什麼我們的網站沒有流量？」等問題。

這些「為什麼」讓我找出很多的想法和討論，然後就有了很多不同的嘗試和執行，有了嘗試和執行後，不論結果是否如預期所想，又會被我提出很多「為什麼」，就在這樣的不斷循環下，雖然總會發生不如預期的結果，例如甜點百貨公司的想法，但如倒吃甘蔗、越吃越甜的情況卻是越來越多，因為我會從錯誤中修正；應該沒有人會明明已經被巨石壓著了，還不想辦法脫身，仍舊找更大的石頭壓在身上吧！

因此，在這些「為什麼」的問號與改進中，除了門市通路，亞尼克也慢慢有了完善的EC、FB、Line、App等不同的通路管道，與時俱進的推陳出新，也因為有了好奇心，讓我去找出為什麼亞尼克總是不能跨出濁水溪以南，找到了原因並解決問題後，現在全省包括台南、高雄等地，亞尼克有包含夢想村在的二十一家直營門市。

創業者缺的不是想法而是行動

我常有很多想法，但我更是行動派的人。在那段沒搞清楚自己

應該是唐三藏訂立方向策略，而不是孫悟空在那連跑帶走的時間裡，因為總是被綁在工廠，跟著師傅們趕工、做蛋糕，但當我發現那所造成的企業停滯問題時，我馬上改進。

在生乳捲造成熱銷後，我更是將原先位在廠房樓上的管理部搬遷到附近的辦公大樓，讓廠辦真正的分開，不再是誰有空就誰換上防塵衣下去包裝的狀況。

此外，在人員的培訓和調度上，我也能更客觀地去觀察和思考什麼對員工才是最好的，對亞尼克才是有幫助的。

以前，每當我發現某個師傅很有天分時，我就會想要送他們出國學習觀摩，委派他更多的責任，但是獲得到的回應卻是對方的退縮，甚至因為擔心自己不能擔當我所賦予的期許而提出離職。

這樣的狀況不但造成亞尼克內部人員的流失，也常讓我感到無力。然而當我回歸該有的位置後，我慢慢的體會到瑞文給我的建議，也在這樣的轉換中，我理解到不是強加自己的好意給別人，而是讓公司所有人能夠有共同的願景和向心力。

讓員工成爲家人，推己及人影響範圍

為了養成更明確的品牌核心，這幾年我請顧問公司規劃了一些跟亞尼克的核心理念相關的課程，希望每個人都能圍繞著亞尼克「分享，讓心融化」的品牌核心執行工作，同時找出自己為什麼在亞尼克工作的理由，又如何在亞尼克中獲得更多。每個月大概會舉辦一次這類課程，有六十五位核心幹部都會參加，再由他們分享給各自的夥伴。

幾年下來，我發現大家在工作和心態上的改變都跟以前不一樣，不再是為了工作而工作，而是因為喜歡甚至認同亞尼克的「分享」理念而想要在這兒發展。這樣的轉變讓內部的人員的流動變少了，經驗傳承也更能有效的傳遞，畢竟在我們這個產業，人力是很重要的。

為了貫徹「分享，讓心融化」的精神，也因為我在長期忙於工作忽略家人陪伴的經歷，我同時在公司施行不加班的政策，時間一到就鼓勵大家回家，有自己的時間和家人相處，或者去做自己想做的事，而不是一直被綁在工作中。

有一陣子我甚至實施下班時間到就關燈的方法，逼大家起身下

班，反而造成一些同事抗議，為了不再以自己的想法去框架別人，後來我也就不堅持這麼如此的鐵腕方式了。

不過，為了讓每個員工都能跟家人更親近，特別是因為全省的展店規劃，有不少的同事們必須離鄉背井到外地工作，可能跟家人的聯繫就更疏遠了，我又提出了「家庭日」的制度。

鼓勵每個同事一個月至少要跟家人一起吃頓飯，只要有做到這項家庭陪伴的要求，還可以申請餐費補助，每一位家人都有三百元的上限，不只是員工本人。當然，這裡所指的家人是直系親屬而不包含旁系親屬。也或許是因為這樣的政策，讓亞尼

克在2019年還獲得了餐飲業的幸福企業大賞。這個獎項的肯定，讓我覺得才是真正的從內而外體現了亞尼克要傳達的「分享，讓心融化」的品牌精神，畢竟沒有幸福的員工，怎麼可能分享最好的服務，讓消費者獲得感動呢！

在亞尼克邁向二十年的今天，我慶幸自己在一路上的跌撞造就了現在的景況，才能讓今天的亞尼克成為年銷一百六十萬條生乳捲，並擁有二十幾萬隨享卡卡友的企業，而不再只是蛋糕店！我相信接下來的挑戰，也才正要開始，那就是將亞尼克的品牌從台灣走出，邁向世界的舞台，不讓外國的產品總是專美於前！

眾生系列　JP0167

亞尼克。味蕾的幸福：從切片蛋糕到生乳捲的 20 年品牌之路

作　　　者／吳宗恩
採 訪 整 理／元氣工作室
特 約 編 輯／張雪莉
協 力 編 輯／游璧如
業　　　務／顏宏紋

總 　編　 輯／張嘉芳
出　　　版／橡樹林文化
　　　　　　城邦文化事業股分有限公司
　　　　　　台北市中山區民生東路二段141號5樓
　　　　　　電話：02-2500-7696　傳真：02-2500-1951
發　　　行／英屬蓋曼群島商家庭傳媒股分有限公司城邦分公司
　　　　　　台北市中山區民生東路二段141號2樓
　　　　　　客服服務專線：02-25007718・02-25001991
　　　　　　24小時傳真服務：02-25001990・02-25001991
　　　　　　服務時間：週一至週五上午09:30-12:00・13:30-17:00
　　　　　　郵撥帳號：19863813　戶名：書虫股分有限公司
　　　　　　讀者服務信箱E-mail：service@readingclub.com.tw
　　　　　　城邦讀書花園 網址：www.cite.com.tw
香 港 發 行 所／城邦（香港）出版集團有限公司
　　　　　　香港灣仔駱克道193號東超商業中心1樓
　　　　　　電話：(852) 2508 6231　傳真：(852) 2578 9337
　　　　　　E-mail：hkcite@biznetvigator.com
馬 新 發 行 所／城邦（馬新）出版集團【Cité (M) Sdn.Bhd. (458372 U)】
　　　　　　Cité (M) Sdn. Bhd. (458372U)
　　　　　　41, Jalan Radin Anum, Bandar Baru Sri Petaling,
　　　　　　57000 Kuala Lumpur, Malaysia.
　　　　　　電話：(603) 90578822　傳真：(603) 90576622
　　　　　　E-mail：cite@cite.com.tw

封 面 設 計／王祥樺
內 頁 排 版／綠貝殼資訊有限公司
印　　　刷／鴻霖印刷傳媒股份有限公司

初版一刷／2020年2月
ISBN／978-986-98548-3-2
定價／380元

城邦讀書花園
www.cite.com.tw

國家圖書館出版品預行編目資料

亞尼克。味蕾的幸福：從切片蛋糕到生乳捲的
20 年品牌之路 / 吳宗恩著 . -- 初版 . -- 臺北市：
橡樹林文化，城邦文化出版：家庭傳媒城邦分公
司發行，2020.02
　192 面；17×23 公分 . -- （眾生系列；JP0167）
　ISBN 978-986-98548-3-2（平裝）

1. 吳宗恩　2. 臺灣傳記

783.3886　　　　　　　　　　　　　109000395

亞尼克生乳捲-原味
夢幻乳香新食感

Yannick Sweet Village

尼克夢想村

WHOOPIE²
夢想村烏比派

Sharing melts our hearts

亞尼克 兌換門市

內湖旗艦店	台北市內湖區瑞湖街178巷15號	(02)2657-483
萬里創始店	新北市萬里區瑪鍊路127-5號	(02)2492-63
陽明山店	台北市士林區長春街4巷274號	(02)2862-56
台北民生店	台北市民生東路四段61號	(02)2717-783
遠百寶慶店	台北市中正區寶慶路32號1樓(遠東百貨內)	(02)2370-203
永和中正店	新北市永和區中正路568號	(02)2231-483
環球板橋店	新北市板橋區縣民大道二段7號1樓(板橋火車站內)	(02)8969-356
新竹竹北店	新竹縣竹北市縣政二路南段38號	(03)558-983
新竹湳雅店	新竹市北區湳雅街91-2號1F (新竹大魯閣湳雅廣場)	(03)532-483
台中旗艦店	台中市西區五權西四街120號	(04)2378-770
台中西屯店	台中市西屯區西屯路二段57號	(04)2311-883
彰化員林店	彰化縣員林市中山路一段766號	(04)837-553
雲林虎尾店	虎尾鎮林森路二段128號	(05)636-083
嘉義中山店	嘉義市西區中山路385號	(05)227-683
台南中正店	台南市中西區中正路208號	(06)222-853
台南遠百店	台南市東區前鋒路210號1F(東側門)	(06)235-383
高雄旗艦店	高雄市左營區華夏路1416號(近高鐵站)	(07)348-183
高雄苓雅店	高雄市苓雅區青年二路89號	(07)269-683

亞尼克夢想村 兌換門市

陽明山店	台北市士林區長春街4巷481號	(02)2862-5609#
板橋環球店	新北市板橋區縣民大道二段7號B1 (板橋火車站內)	(02)8969-336
信義遠百店	台北市信義區松仁路58號B3F	(02)8786-582

www.yannick.com.tw